AF542323

FRANCE, LIBRAIRE,

9, QUAI VOLTAIRE, A PARIS.

N° 11. — Juin 1860.

1777. **ABREGE** des Causes célèbres et intéressantes avec les jugements qui les ont précédées, 1806, 3 vol. in-12, br. 6 »

1778. **AMPERE**, Histoire littéraire de la France avant le XIIe siècle, 1839, 3 vol. in-8, cart., n. rog. 16 »

1779. **ANACREON**, Sapho, Moschus, Bion et autres poètes grecs, trad. en vers franç. 1797, 1 v. in-18, d.-r. mar., n. rog. 3 »

1780. **ANNALES** de la Propagation de la Foi, de 1823 (Origine), jusqu'en 1859, 31 vol. in-8, dont 24 d.-rel. toile et les 7 dern. br. *Collect. complète faisant suite aux Lettres édifiantes.* 55 »

1781 **ANECDOTES** sur Mme la comtesse Dubarry 1776, 1 vol. in-12, d. rel. 5 »

1782. **APERÇU** sur la Guerre de la Vendée, extrait des mémoires manuscrits du général Beauvais. *Londres*, 1798, in-8 de 92 p., br. 3 »

1783. **ARAGO**, OEuvres comp., Gide, 1854-59, 15 v. in-8, b. 80 »

1784. **ART** (l') de Dîner en ville, à l'usage des gens de lettres, 1810, 1 vol. in-12, pap. fort., br. 2 25

1785. **ARTAUD**, Notices historiques sur Pie VII et Pie VIII, 1845. gr. in-8, de 75 pag. à 2 col., port. 2 50

1786. **ATHENÆUM** (l') français, journal universel de la littérat., de la science et des beaux-arts, sous la direction de MM. de Saulcy, Longpérier, L. Lalanne etc., du 3 juillet 1852 au 26 juillet 1856, formant la matière de 5 vol. in-4, en numéros. *Collection bien complète.* 35 »

1787. **BARANTE** (De), Histoire des Ducs de Bourgogne, Furne, 1842, 8 vol. in-8, fig. br. 33 »

1788. **BARBAROUX**, de la Transportation, aperçus législatifs et politiques sur la colonisation pénitentiaire, Didot, 1857, 1 vol. gr. in-8, br. 5 »

1789. **BARBIER**, Nouvelle Bibliothèque d'un Homme de goût, 1817, 5 vol. in-8. br. 8 »

1790. **BARTHELEMY**, Douze Journées de la Révolution, 1832, 1 vol. in-8, 12 gr., d.-rel. 6 »

1791. **BARTHELEMY**, Voyage du jeune Anacharsis en Grèce, vers le milieu du IVe siècle, an VII, 7 vol in-8, et atlas in-4 de 39 cartes, rel. en v. *La meilleure édit.* 22 »

1792. **BERAUD**, Histoire des comtes de Champagne et de Brie, 1842, 2 vol. in-8, d.-rel. en un seul. 6 »

1793. **BERCHOUX**, la Gastronomie, suivie de poésies fugitives, 1805, 1 vol. in-12, fig., br. 1 75

1794. — La Danse ou la Guerre des Dieux de l'Opéra, 1808, in-12, fig. br. 1 75

1795. **BERGIER**, Dictionnaire de Théologie. *Besançon*, 1827, 8 vol. in-8, br. 16 »

1796. **BERNARDIN DE SAINT-PIERRE**, OEuvres complètes, 1840, 2 vol. gr. in-8, br. 12 »

1797. **BERTRAND**, Lettres sur les Révolutions du Globe, 1839, 1 vol. in-8, fig., d.-rel. v. 6 50

1798. **BERTIN**, OEuvres complètes, 1824, 1 vol. in-8, d.-rel., fig., v. 4 »

1799. **BEUDANT**, Voyage minéralogique et géologique en Hongrie, 1822, 3 vol. in-4 et atlas colorié, d.-rel. 18 »

1800. **BOILEAU**, OEuvres complètes, précédées d'une notice sur sa vie et ses ouvrages, par Daunou, 1837, 2 v. in-8, d.-r. v. 8 »

1801. **BOUGEANT** (le Père), Histoire du Traité de Wesphalie, 1744, 6 vol. in-12, rel. v. br. 9 »

1802. **BRIFFAUT**, le Secret de Rome, au XIXe siècle. *Paris*. Boizard, 1 vol. gr. in-8, illust., d.-rel. maroq. vert. 9 »

1803. **CALONNE**, de l'Etat de la France, 1790, in-8, d.-rel. 2 »

1804. **CHAMFORT**, OEuvres complètes, édit. publiée par Anguis, 1825, 5 vol. in-8, d.-rel. v. 13 »

1805. **CHANSONS** de Brazier, 1814, in-18, fig., br. 1 50

1806. **CHANSONS** choisies, avec les notes. *Londres*, 1783, 6 vol. in-18, d.-rel. maroq. rouge, n. rog. 12 »

1807. **CHODZKO**, La Pologne illustrée, contenant l'histoire et les variétés polonaises, 1844, 1 vol. gr. in-8, port. et grav. en liv., br. 6 »

1808. **CHOIX** de Rapports, Opinions et Discours prononcés à la tribune, depuis 1789 jusqu'à 1808, plus 1819, recueillis dans l'ordre chronologique, 1818-22, 20 vol. in-8, rel. en v., fil. *Superbe exempl.* 44 »

1809. **COLARDEAU**, OEuvres choisies, Janet et Cotelle, 1825, 1 vol. in-8, pap. vél., fig., cart., n. rog. 6 50

1810. **COLLIN DE PLANCY**, Dictionnaire infernal, 1825, 4 vol. in-8, d.-rel., n. rog. 22 »

1811. **CORRESPONDANCE** entre le comte de Mirabeau et le comte de Lamarck, pendant les années 1788-90 et 91, recueillie et publiée par de Bacourt, 1851, 3 vol. in-8, br. 12 »

1812. **COURRIER** (P.-L.), Collection complète de ses Pamphlets politiques et Opuscules littéraires. *Bruxelles*, 1827, 1 vol. in-8, br. 4 »

1813. **COUSIN**, Mme de Sablé, 1854, 1 vol. in-8, br. 6 »

1814. — Mme de Chevreuse, 1856, 1 vol. in-8, br. 6 »

1815. — Mme de Hautefort, 1856, 1 vol. in-8, br. 6 »

1816. **CREBILLON** (fils), les Egarements du Cœur et de l'Esprit, 1739, 2 part. en 1 vol. in-12, rel. v. 2 50

1817. **CREVIER**, Histoire des Empereurs romains, depuis Auguste jusqu'à Constantin, 1749, 12 vol. in-12, rel. v. 12 »

1818. **DANICAN**, les Brigands démasqués, ou Mémoires pour servir à l'hist. du temps présent. *Londres*, 1796, in-8, d.-r. 3 »

1819. **DAUNOU**, Cours d'études, Didot, 1842, 20 v. in-8, br. 77 »

1820. **DEBATS** de la Convention nationale, ou Analyse des Séances de cette mémorable Assemblée. *Paris*, Rostange, 5 vol. in-8, br. 10 »

1821. **DESAUGIERS**, Chansons et Poésies diverses, 1816, 3 vol. in-18, fig., br. 3 »

1822 DESCRIPTION géograph. et hist. de la Morée, reconquise par les Vénitiens et autres lieux, par le P. Coronelli, 1687, 1 vol. in-fol., cartes et plans, rel. en v. 6 »

1823. DESTOUCHES, OEuvres dramatiques, 1820, 6 vol. in-8, rel. v., fil. 14 »

1824. DETAILS particuliers sur la Journée du 10 août 1792, 200 p. —Anecdotes relatives à quelques personnes et plusieurs événements remarquables de la Révolution, par Harmand, de la Meuse, 1814, 140 pag., ens. 1 vol. in-8, d.-rel. 4 »

1825. DEVILLE, Tombeaux de la Cathédrale de Rouen, avec dix pl. *Rouen*, 1833, 1 vol. in-8, br. 4 »

1826. DIDEROT, OEuvres publiées sur les manuscrits de l'auteur, par Naigeon, an VIII, 15 vol. in-12, rel. bas., fil. 25 »

1827. — Les mêmes, Belin, 1818, 7 vol. in-8, compacte, d.-r 20 »

1828 DULAURE, Histoire abrégée des différents cultes, 1825 2 v. in-8, d.-rel. v. 8 »

1829. DURDENT, Histoire de Louis XVI, roi de France, 1833, 1 vol. in-8, br. 2 50

1830. EFFORTS (les) de la Liberté et du Patriotisme contre le Despotisme de Maupeou, correspondances et opuscules satyriques avec caricatures. *Londres*, 1772, 2 vol. in-8, rel. en v. 7 »

1831. ENCYCLOPEDIANA, ou Dictionnaire des Ana, 1791, 1 vol. in-4, cart., n. rog. 7 »

1832. ENCYCLOPEDIE comique, ou Recueil de Gaieté, Plaisanteries, bons Mots, Aventures, Naïvetés, Balourdises, etc., 1803, 3 v. in-12, fig., br. 6 »

1833. ENCYCLOPEDIE moderne, Dictionnaire abrégé des Sciences, Lettres, Arts, Industrie, etc. *Paris*, Didot, 1851-58, 30 vol. in-8, dont 3 de pl., d.-rel. 95 »

1834. ETRENNES des Troubadours, Chansonnier lyrique, pour l'an VIII, in-12, fig., br. 2 50

1835. FABRE, Etudes hist. sur les clercs de la bazoche, suivies de pièces justificat., 1856, 1 v. in-8, gr. sur chine, pap. fort. 6 »

1836. FENELON, OEuvres, 1822, 10 vol. in-12, br. 12 »

1837. FERDINAND DENIS, Scènes de la Nature sous les Tropipiques et de leur influence sur la poésie, 1824, 1 vol. in-8, fig. d.-rel. 4 »

1838. FERRAND, Eloge de Mme Elisabeth de France, 1814, 1 vol. in-8, d.-rel. 3 »

1839. FIAMETTE (la) amoureuse de Jean Boccoce, contenant : d'une Invention gentille, toutes les Plaintes et Passions d'amour, 1609, 1 fort vol. in-18, texte italien en regard, rel. parch. *Une légère mouillure.* 12 »

1840. FILLI Disciro, Favola pastorale del. conte Guidubaldo, de Banarelli, etc., Cazin, 1786, in-18, d.-rel. maroq., n. rog. 4 »

1841. FORFAITS (les) du 6 octobre, suivis d'un Précis sur la Conduite des Gardes, 1790, 2 vol. in-8, rel. bas. 3 50

1842. FRANÇOIS (de Neufchâteau), le Conservateur, Recueil de Morceaux inédits d'hist., de politiq., de littérat. et de philosophie, an VIII, 2 vol. in-8, rel. en v. f., fil. *Bel ex.* 8 »

1843. FRETOT, Répertoire complet des Lois du Voisinage, dans les villes et les campagnes, 1848, 1 vol. in-8, br. 4

1844. GALERIE des Etats généraux, 1789, 2 part. avec clés, Galerie des Dames françaises, formant la 3e partie. *Londres*, 1790, clé, ens. 1 vol. in-8, d.-rel. 8 »

1845. GASCONIANA, ou Recueil de bons Mots des habitants des bords de la Garonne, in-32, br. 2 »

1846. GASTRONOME (le) français, ou l'Art de bien vivre, 1828, un fort vol. in-8, fig., br. 3 50

1847. GENLIS (Mme de), les Veillées du Château, 1803, 2 vol. in-8, port., rel. v., fil. 6 »

1848. — Les Dîners du baron d'Holbach. galerie de personnages du XVIIIe siècle, 1822, 1 vol. in-8, cart. 3 »

1849. GILBERT, OEuvres comp. avec des variantes, Dalibon, 1823, 1 vol. in-8, 6 gr., cart., n. rog. 11 »

1850. GOGUETTES (les) du bon vieux temps, Recueil de Chansons joyeuses, Pots-Pourris, Gaillards, etc., 1810, 1 vol. in-18, fig., br. 2 50

1851. GRAFIGNY (OEuvres complètes de Mme de), 1821, 1 vol. in-8, 10 gr. de Lebarbier, rel. en v., plaq. à froid. *Bel ex.* 8 »

1852. GRESSET, OEuvres choisies, précédées d'un Essai sur sa vie et ses écrits, par Campenon, 1823, 1 vol. in-8, fig., cart., n. rog. 6 50

1853. GRÉGOIRE, de la Littérature des Nègres, ou Recherches sur leurs Facultés intellectuelles, 1808, 1 vol. in-8, d.-rel. 4 »

1854. GUENÉE (l'abbé), Lettres de quelques Juifs portugais, allemands et polonais à Voltaire, avec un petit commentaire, 1781, 3 vol. in-8, rel. v. 7 »

1855. HAMILTON, Mémoires du comte de Grammont, 1838, 1 vol. in-8, d. rel. 3 »

1856. HEEREN, Essai sur l'Influence des Croisades, ouvrage couronné, 1808, 1 vol. in-8, rel. bas. 4 »

1857. HELVETIUS, OEuvres complètes, 1818, 3 vol. in-8, rel. v., fil. 9 »

1858. HENIN, Manuel de Numismatique ancienne. *Paris*, 1830, 2 vol. in-8, br. 15 »

1859. HISTOIRE chevaleresque des Maures de Grenade, trad. de l'espagnol, avec des notes, par Sané, 1809, 2 vol. in-8, cart., n. rog. 4 »

1860. HISTOIRE véritable de la Vie errante et de la Mort subite d'un chanoine qui vit encore, écrite par le défunt, Dieu lui fasse paix. Et autres pièces sur le même sujet, 1784, 1 fort vol. in-8, br. 7 »

1861. HOZIER (D') Armorial général de la France, 1er registre, imp. royale, 1821, 1 vol. in-4 de 910 pag., blasons, br. 16 »

1862. ITALIE (l') Pittoresque, par Nodier, Norvins, Dumas et autres, 1850, 1 fort v. gr. in-8, gr. nombre de gr., d.-r. maroq. vert. 9 »

1863. JOUFFROY, les Fastes de l'Anarchie, ou Précis chronologique de la Révolution, de 1789 à 1804, 1820, 2 vol. in-8, d.-rel. 5 »

1864. JOURGNIAC, Mon Agonie de 38 heures dans la prison de l'Abbaye, 4 septembre, 1792, in-8, br. de 64 pag. 1 75

1865. JOURNAL de la Vie de Mme la duchesse d'Orléans douairière, par Delille, 1822, in-8, de 288 pag., br. 1 50

1866. LABORDE, Versailles ancien et moderne, 1841, 1 vol. gr. in-8, fig. nombreuses br. 10 »
1867. LACOUR, Essai sur les Hiéroglyphes égyptiens. *Bordeaux*, 1821, 1 vol. gr. in-8, fig. nombreuses, br. 8 »
1868. LAFAUGERE. Traité de l'Art de faire des Armes, 1825, 1 vol. in-8, fig. col. 6 »
1869. LAVATER (le), Histoire des Femmes célèbres des temps anciens et modernes, 1809, in-12, avec 17 gr., br. 2 25
1870. LEMERCIER. Cours analytique de Littérature générale, tel qu'il a été professé à l'Athénée de Paris, 1817, 4 vol. in-8, br. 8 »
1871. LEMONTEY, Raison et Folie, petit Cours de morale, mis à la portée des vieux Enfants, suivi des Observateurs de la Femme, 1816, 2 vol. in-8, rel. v., fil. 6 »
1872. LEGRAND D'AUSSY, Histoire de la Vie privée des Français, depuis l'origine jusqu'à nos jours, nouvelle édit., avec des notes de Roquefort, 1815, 3 vol. in-8, d.-rel. 16 »
1873. LEGRAND, Fabliaux ou Contes des XIIe et XIIIe siècles, trad. ou extraits d'après divers manuscrits, avec des notes, 1779, 4 v. in-8, d.-r. *Le 4e vol. forme les contes dévots.* 20 »
1874. LETTRES choisies de Guy Patin, 1707, 3 vol. in-12, rel. v. 4 50
1875. LEVIS, Souvenirs et Portraits, de 1780-89, 2e édit., 1815, 1 vol. in-8, rel. v. 5 »
1876. LINGARD, Histoire d'Angleterre, depuis la 1re invasion des Romains, tr. en fr. p. Roujou, 1833, 16 v. in-8, d. r. v. 28 »
1877. LISTE générale et très-exacte de tous ceux qui on été condamnés à mort par le tribunal révolutionnaire, an III, 11 numéros en 1 vol. in-8, d.-rel. *Complet.* 15 »
1878 LYRE (la) d'Anacréon, choix de romances, rondes de table, etc., avec les airs notés, an VII, in-12, fig., br. 1 75
1879. MABLY (l'abbé de). OEuvres complètes, 1794, 15 vol. in-8, rel. en v. f., fil., tr. d. 20 »
1880. MAISTRE (XAVIER DE), OEuvres complètes, 1828, 2 vol. in-8, d.-rel. 10 »
1881. MAROT, Découvertes sur la Lumière, 1780, 1 vol. in-8, rel. en v., fil. 5 »
1882. MAROT (CL.). OEuvres choisies, avec des notes littéraires, Janet, 1826, 1 vol. in-8, port., br. 3 50
1883. MARAST et Dupont, Fastes de la Révolution française, de 1787 à Septembre 1792. *Paris*, 1836, 1 vol. gr. in-8, de 397 pag. à 2 col., br. 4 »
1884. MARCO DE SAINT-HILAIRE, Histoire anecdotique, politique et militaire de la Garde impériale. *Paris*, Pénaud, 6 vol. gr. in-8, illustrée de fig. n. et col., d.-rel. maroq. vert. *Bel exemp.* 30 »
1885. MEMOIRES pour servir à l'Histoire de la Calotte, Maropolis, 1735, 4 parties en 1 vol. in-18, rel. en v. f. 7 »
1886. MEMOIRES de la marquise de Frêne. *Amsterdam*, 1701, 1 vol. in-12. 28 jolies gr., rel. bas. 8 »
1887. MEMOIRES hist. et géogr. sur les Pays situés entre la mer Noire et la mer Caspienne, conten. des détails sur les peuples qui habitent cette contrée, avec un vocabulaire des dialectes et 2 cart., 1797, 3 part. en 1 v. in-4, d.-rel. 8 »

1888. MÉMOIRES de H. de Campion, contenant des faits inconnus sous le règne de Louis XIII, 1827, 1 vol. in-8, d. rel. 4 »
1889. MEMOIRES pour servir à l'Histoire de la Révolution de Toulon, en 1793, par Pons, 1825, 1 v. in-8, port. de Louis XVII, d.-rel. 3 50
1890. MEMOIRES de la princesse de Lamballe, publiés d'après le journal et des lettres, 1826, 2 vol. in-8, port., d.-rel. v. 7 »
1891. MEMOIRES de Gabrielle d'Estrées, 1829, 4 v. in-8, d.-r. 8 »
1892. MEMOIRES de madame la comtesse Dubarry, 1829, 6 vol. in-8, cart., non rog. 12 »
1893. MEMOIRES du card. de Retz, de Guy-Joly et de la duch. de Nemours, Ledoux, 1820 6 vol. in-8, d.-rel. v. 24 »
1894. MEMOIRES du duc de Lauzun, 1822, 1 v. in-8, d.-rel. 3 50
1895. MEMOIRES de la princesse palatine, mère du régent, 1823, 1 vol. in-8, d.-rel. v. 4 »
1896. MEMOIRES anecdotiques sur l'intérieur du palais et sur quelques événements de l'Empire, depuis 1805 jusqu'à 1814, par Bausset, 1827, 4 vol. in-8, port., br. 8 »
1897. MEMOIRES authentiques du duc de La Force, maréchal de France, suivis de correspondances inédites de J. d'Albret, Henri III, Henri IV, Louis XIII, etc., publiés par le marquis de La Grange, 1843, 4 vol. in-8, br. 10 »
1898. MEMOIRES, ou Souvenirs et anecdotes, par le comte de Ségur, 1824, 3 vol. in-8, fig., br. 6 »
1899. MÉMOIRES historiques et politiques du règne du Louis XVI, depuis son mariage jusqu'à sa mort, rédigés par Soulavie, 1801. 6 vol. in-8, port., rel bas. 12 »
1900. MEMOIRES secrets sur le règne de Louis XIV, la Régence et le règne de Louis XV, par Duclos, 1824, 2 v. in-8, br. 5 »
1901. MEMOIRES du président Hénault, mis en ordre par Vigan, 1855, 1 vol. in-8, br. 3 75
1902. MEMOIRES historiques, politiques, secrets et galants. *Cologne*, 1723, 1 vol. in-12, rel. v. 2 »
1903. MEMOIRES sur la Cour de Louis Napoléon et sur la Hollande, 1828, 1 v. in-8, cart., non rog. 4 »
1904. MEMOIRES du capitaine Péron, sur ses voyages, 1824, 2 vol. in-8, rel. v., fil. 4 »
1905. MEMOIRES pour servir à l'histoire du siége de Lyon, pendant la Révolution, par l'abbé Guillon, 1824, 2 v. in 8, r. 4 »
1906. MONCRIF, OEuvres, 1768, 4 part. en 2 vol. in-12, fig., d.-rel. v. 3 »
1907. MONTAIGNE (les Essais de Michel de), avec des notes de tous les commentateurs, 1823, 5 vol. in-8, d. rel. v. 26 »
1908. MONTGAILLARD, Revue chronologique de l'Histoire de France, de 1787 à 1818. *Paris*, 1820, 1 fort vol. in-8, rel. bas., fil. 6 »
1909. MUSES (les) galantes, ou Recueil des plus jolies romances, ariettes et autres chansons choisies, publié à Lille, chez Vanackère, de 1812 à 1817, 13 vol. in-32, fig., br. Selon la tomaison, il devrait y avoir 17 vol. *Le calendrier et la gravure du tome 8 sont endommagés.* 12 »
1910. NICOLE, OEuvres complètes, 1755-65, 25 vol. in-12, rel. en v. brun. 28 »

1911. **NOUGARED** De Fayet, Recherches sur le procès et la condamnation du duc d'Enghien, 1847, 2 vol. in 8, br. 5 »
1912 OEuvres complètes de Fenimoore Cooper, trad. par La Bédollière, édition illustrée, Barba, 1850, 6 vol. in-4, cart., toile, plaq., tr. d. 30 »
1913. **OVIDE**, les Métamorphoses, trad. par Dubois-Fontanelle, texte latin en regard, 1802, 4 vol. in-8, jolies fig., rel. v. 12 »
1914. **PARADIS PERDU**, trad. en vers, par Delille, avec des remarques, 1805, 2 vol. in-8, rel. en v., fil. 6 »
1915. **PARNY**, OEuvres Choisies, 1826, 1 vol. in-8, port., b. 3 »
1916. **PARIS**, Versailles et les provinces, au XVIIIe siècle, anecdotes sur la vie privée de plusieurs ministres, évêques et autres personnages connus sous les règnes de Louis XV et Louis XVI, 1823, 3 vol. in-8, fig., br. 13 50
1917. **PEIGNOT**, Amusements philologiques, ou variétés en tous genres. *Dijon*, 1842, 1 vol. in-8, br
1918. **PELLOUTIER**, Histoire des Celtes, des Gaulois et des Germains, 1771, 2 vol. in-4, d.-rel. bas. 12 »
1919. **PELLETIER**, Histoire de la Révolution du 10 août 1792. *Londres*, 1795, 2 vol. in-8, rel. v., fil. 5 »
1920. **PHILIPPON-LA-MADELAINE**, des Homonymes français, 1817, 1 vol. in-8, rel. bas. 3 50
1921. **PHYSIONOMIE** Portative, d'après Lavater et autres, 1806, 2 vol. in-18, fig., br. 2 50
1922. **POÉSIES** de Maître Adam Billaut, menuisier de Nevers, précédées de Notices biographiques, édit. complète. *Nevers*, 1842, 1 vol. grand in-8, 8 port. et 2 gr., d.-rel. maroq. viol. 12 »
1923. **POMPÉIA** décrite et dessinée par Breton, suivie d'une notice sur Herculanum, Gide, 1855, 1 vol. grand in-8, fig. nombreuses sur chine, br. 8 »
1924. **PROCÈS** instruit et jugé au tribunal révolutionnaire, contre Hébert et consorts, an II, in-8 de 161 pag., br. 2 »
1925. **PROCÈS** célèbres de la Révolution, ou Tableau historique de plusieurs procès fameux, 1814, 2 vol. in-8, d.-rel. 4 »
1926. **PROYART** (l'abbé), Louis XVI détrôné avant d'être roi. *Londres*, 1800, 1 vol. in-8, d.-rel. 3 »
1927. **RABELAIS**, OEuvres complètes, avec une table et un glossaire. *Paris*, L. Janet, 1823, 3 vol. in-8, d.-rel. v. *Très-bonne édition.* 22 »
1928. **REGNARD**, OEuvres complètes, avec des remarques sur chaque pièce, 1820, 6 vol. in-8, fig, br. 12 »
1929. **REGNE** de Richard III, Doutes sur les crimes qui lui sont imputés, traduit de l'anglais par Louis XVI, 1800, 1 vol. in-8, br. 2 »
1930. **ROGER**, la Noblesse de France aux croisades, 1845, 1 vol. grand in-8, gr. sur chine, br. 7 »
1931. **ROMANS** et Contes de Voisenon. *Londres*, 1775, 2 vol. in-12, d.-rel. v. f., non rog. 6 »
1932. **SAINT-SIMON** (Mémoires complets et authent. du duc de), Hachette, 1858, 20 vol. in-8, d.-rel. maroq. cit. *Bel ex.* 100 »
1933. **SAINT RÉAL**, OEuvres choisies, 1819, 1 v. in-8, d.-r. 5 »
1931. **SAINTE AULAIRE**, Histoire de la Fronde, 1827, 3 vol. in 8, cart., non rog. 12 »

1935. **SCARON**. Virgile travesti en vers burlesques, précédé d'une notice sur l'auteur, 1845, 2 vol. in-8, d.-rel. v. r. 6 »

1936. **SÉANCES** des Écoles normales, recueillies et revues par les professeurs : sciences, histoire, littérature, etc., 1800, 13 vol. in-8, d.-rel 13 »

1937. **SOULAVIE**. Pièces inédites sur les règnes de Louis XIV et Louis XV, et la Chron. scandaleuse, 1809, 2 v. in-8, d.-r. 6 »

1938. **SOUVENIRS** historiques sur la vie et la mort de Talma, par Tissot, 1826, in-8, br. de 77 pages, port. ; Notice sur Madame Talma, 1836, in-8 de 28 pages, port., br. 2 »

1939. **STAAL** (Mlle Delaunay), OEuvres contenant ses Mémoires, Renouard, 1821, 2 vol. in-8, br. 8 »

1940. **TABLEAU** de la Fortune, où il est traité de la décadence des empires, ruine des villes, malheurs arrivés au monde, aux rois, aux dames, etc., par Chevreau, 1659, 1 vol. petit in-12, rel. en maroq. cit. 8 »

1941 **TABLEAU** de l'Histoire Universelle jusqu'à l'ère chrétienne, en vers français. *Londres*, 1807, g. in-8, p. v., de 31 p., b. 2 50

1942. **THEATRE** des Variétés et des Boulevar s, recueil contenant des pièces amusantes, etc., 1810, 5 vol. in-18, d.-rel. v. f., n. rog. 10 »

1943. **TROPHÉES** des Armées françaises, depuis 1792 à 1815. *Paris*, Lefuel, 1819, 6 vol. in 8 fig. nombr., br. 15 »

1944. **TROUBADOURS** (les) modernes, ou Amusements littéraires, de l'armée de Condé. *Constance*, 1797, 1 v. in-8, fig., br. 3 »

1945. **VAUBAN** (le comte), Mémoires pour servir à l'hist. de la guerre de la Vendée, 1806, 1 vol. in-8, br. 3 50

1946. **VIE**, OEuvres et Lettres de Louise-Adélaïde de Bourbon-Condé, religieuse, fondatrice du monastère du Temple, 1843, 3 vol. in-8, d.-rel. 9 »

1947. **VIE** politique de tous les Députés à la Convention, 1814, 1 v. in-8, rel. 3 50

1948. **VILLEMAIN**, Souvenirs contemporains d'Histoire et de Littérature, 1854, 2 vol. in-8, d.-rel maroq. violet. 12 »

1949. **VILLEMUR**, Notice hist. sur la Vie et la Mort tragique du duc de Bourbon, documents inédits, 1852, 1 vol. in-8, d.-rel. maroq. 4 »

1950. **VILLIERS**, Souvenirs d'un Déporté, 1802, 1 vol. in-8, br. *On trouve dans ce vol. une notice sur la vie de Robespierre, dont Villiers fut le secrétaire.* 3 »

1951. **VOYAGE** de Chapelle et de Bachaumont, suivi de leurs Poésies, etc., 1826, 1 vol. in-8, port., cart., n. rog. 4 »

1952. **VOYAGES** du sieur de la Motraye en Europe, Asie et Afrique ; Recherches géographiques, Mœurs et Coutumes de ces Peuples. *La Haye*, 1727, 2 vol. in-fol., grav. nomb. cartes et plans, rel. v. f. 12 »

1953. **WALTER SCOTT**, OEuvres comp. trad. en français par Defauconpret, 1839, 30 vol. in-8, d.-rel. v. bleu. 90 »

Le Catalogue sera envoyé à toutes les personnes qui en feront la demande (*Affranchir*).

Tous les ouvrages portés sur cette notice sont garantis complets, à moins d'indications contraires.

Imprimerie de Raynal, à Rambouillet.

FRANCE, LIBRAIRE,

9, QUAI VOLTAIRE, A PARIS.

Nº 12. — Juillet 1860.

1954. **ARMORIAL**, Hist. de la Noblesse de France, publiée par Milleville. *Paris*, Amyot, 1 vol. in-4, fig. et blasons, d.-rel., maroq. 15 »

1955. **ARNOULD**, les Jésuites, depuis leur origine jusqu'à nos jours, histoire, type, mœurs, etc., 1846, 2 vol gr. in-8, illust., d.-rel. maroq. viol. 12 »

1956. **AUVIGNY** (d'), les Vies des Hommes illustres de la France, depuis le commencement de la monarchie jusqu'à présent, 1739-69, 27 vol. in 12, rel. en v. marb. 30 »

1957. **BARBE-MARBOIS**, Hist. de la Louisiane, 1829, 1 vol. in-8, d.-rel. 3 50

1958. **BARTHÉLEMY**, Voyage du jeune Anacharsis en Grèce, dans le milieu du IVe siècle, 1788, 7 vol. in-8 et atlas in-4, rel. en v., fil. 15 »

1959. **BELLOC** (Mme L.), Lord Byron, Etude sur sa Vie et ses Ouvrages, Renouard, 1824, 2 vol. in-8, d.-rel. v. rouge. 6 »

1960. **BERTHOLET**, Eléments de l'Art de la Teinture, avec une Description du Blanchiment par l'acide, 1804, 2 vol. in-8, fig., d.-rel. 4 »

1961. **BIBLE** (la Sainte), en latin et en français, avec des notes et des dissertations tirées de D. Calmet, Vence, etc.. 4e édit., 1820-23, 25 vol. in-8 et atlas in-4 obl. de 33 pl., br. 60 »

1962. **BILLARD DE VEAUX**, Mémoires ou Biographies des Personnes marquantes de la Chouanerie et de la Vendée, 1832, 3 vol. in-8, br. 6 »

1963. **BOUCHEPORN**, Études sur l'Histoire de la Terre et sur les Causes des Révolutions de sa Surface, 1844, 1 vol. in-8, fig., d.-rel. maroq. 6 »

1964. **BOTTA**, Histoire d'Italie, 1789 à 1814. *Paris*, 1824, 5 vol. in-8, br. 10 »

1965. **CAMUS DE MEZIÈRES**, Traité de la Force des Bois, 1782, 1 vol. in-8, fig., d.-rel. 3 »

1966. **CARNOT**, Principes fondamentaux de l'Equilibre et du Mouvement, 1803, 1 vol. in-8. 3 »

1967. **CHATEAUNEUF**, Histoire des Grands Capitaines de la France, de 1792 à 1802. *Paris*, 1820, 2 vol. in-8, d.-rel. v. vert. 8 »

1968. **CHRISTIAN**, Histoire du Clergé de France, depuis la prédication de l'Evangile dans les Gaules jusqu'à nos jours, 1840, 2 vol. in-8, d.-rel. en un. 5 »

1969. **COURRIER** (P.-L.), Mémoires, Correspondances et Opuscules inédits, 1828, 2 vol. in-8, br. 5 »

1970. CREBILLON, fils, Collection comp. de ses OEuvres. *Londres*, 1772, 7 vol. in-12, rel. v. marb. *Bel ex.* 28 »
1971. CUVIER, Discours sur les Révolutions de la Surface du Globe, 1830, 1 vol. in-8, 6 gr., d.-rel. 5 »
1972. DANET, l'Art des Armes, où l'on donne l'application de la théorie à la pratique de cet art, 1788, 3 part. en 1 vol. in-8, 33 pl., br. 6 »
1973. DELILLE, OEuv. comp., Furne, 1832, 10 v. in-8, br. 22 »
1974. DICTIONNAIRE généalogique, hist. et critique de l'Ecriture-Sainte, 1804, 1 vol. in-8, d.-rel. 3 »
1975. DIDEROT, OEuvres comp. publiées par Naigeon. *Paris*, Brière, 1821, 22 vol. in-8, br. 60 »
1976. DUCIS, OEuvres comp., Nepveu, 1819, 4 vol. in-8, fig., cart., n. rog. *Bel ex.* 12 »
1977. DUCLOS, Hist. de Louis XI, 1745, 4 v. in-12, rel. v. b. 7 »
1978. DUTENS, Philosophie de l'Economie politique, Exposition des Principes de cette science, 1835, 2 vol. in-8, br. 5 »
1979. ETAT des Cours de l'Europe et des Provinces de France, par Laroche-Tilhac, 1786, 1 vol. in-8, br. 6 »
1980. FAVART, Mémoires et Correspondances littéraires, dramatiques et anecdotiques, 1808, 3 vol. in-8, rel. v., fil. 6 »
1981. GENLIS (Mme de), la duchesse de La Vallière, 1806, 1 vol. in-8, cart., n. rog. 2 75
1982. GOUBE, Histoire du Duché de Normandie. *Rouen*, 1815, 3 vol. in-8, cartes et fig., br. 15 »
1983. HAIIY, Traité de Minéralogie, 1801, 4 vol. in-8 et atlas in-4, d.-rel. 8 »
1984. HISTOIRE de l'Esprit révolutionnaire des Nobles en France, 1818, 2 vol. in-8, br. 4 »
1985. JOUY, OEuvres comp. contenant tous les Hermites, 1825, 27 vol. in-8, br. 33 »
1986. LAHARPE, Correspondance Littéraire, 1801, 4 vol. in-8, rel. v. 6 »
1987. LAMENAIS (l'abbé de), Tradition de l'Eglise sur l'Institution des Evêques, 1818, 3 vol. in-8, br. 8 »
1988. — Réflexions sur l'Etat de l'Eglise en France pendant le XVIIIe siècle, 1819, 1 vol. in-8, rel. en v. 3 50
1989. LAMETTRIE, OEuvres philosophiques, 1796, 3 vol. in-8, rel. en un. 4 50
1990. LETTRES à M. le comte de B*** sur la Révolution arrivée en 1789, avec des notes sur les ministres et autres gens en place, etc., 1789, 13 part. en 3 vol. in-8, d.-rel. 5 »
1991. LETTRES de Junius, trad. de l'angl. par Parisot, 1823, 2 vol. in-8, d.-rel. v. 5 »
1992. LETTRES de Mme de Maintenon, précédées de sa Vie, par Auger, 1815, 4 vol. in-12, port., br. 6 »
1993. LETTRES diverses, recueillies en Suisse, par Fédor, Golowkin, accompag. de notes et éclaircissements. *Genève*, 1821, 1 vol. in-8, cart., n. rog. 3 50
1994. LOBINEAU, les Vies des Saints de Bretagne, nouvelle édit. augmentée par l'abbé Tresvaux, Miquignon, 1836, 5 vol. in-8, br. 16 »
1995. LOCKE, Essai philosophique concernant l'Entendement humain, 1750, 4 vol. in-12, rel. v. 5 »

1996. LOMBARD DE LANGRES, Mémoires pour servir à l'Hist. de la Révolution française, 1823, 2 vol. in-8, d.-rel. 4 »

1997. MAISON (la Nouvelle) Rustique, ou Économie rurale de tous les Biens de la Campagne, 1805, 3 v. in-4, gr. nombre de fig., rel. en bas. 15 »

1998. MARMONTEL, Contes moraux, 1775, 3 vol. in-12, fig. de Gravelot, rel. v. 5 »

1999. MARMONTEL, Régence du duc d'Orléans, 2 v. in-8, b. 4 »

2000. MARTINEAU (Miss), Contes sur l'Economie politique, trad. de l'anglais, 1833, 8 vol. in-8 rel. en 4, d.-rel. v. f. *Bel Ex.* 16 »

2001. MAWE, Voyages dans l'Intérieur du Brésil, particulièrement dans les Districts de l'Or et du Diamant, 1816, 2 vol. in-8, fig., br. 7 »

2002. MÉMOIRES de Billaud-Varennes, 1821, 2 vol. in-8, d.-rel., en un. 3 »

2003. MEMOIRES d'un Détenu, pour servir à l'hist. de la tyrannie de Robespierre, an III, 1 vol. in-8, d.-rel. v. 2 50

2004. MEMOIRES du Lieutenant-Général Puget Barbantane, 1827, 1 vol. in-8, br. 3 »

2005. MEMOIRES hist. et anecdotiques de la marquise de Pompadour, avec 12 estampes grav. par elle-même, 1802; 1 vol. in-8, d.-rel. maroq. viol. 7 »

2006. MÉMOIRES hist., politiq., critiq. et littéraires, par Hamelot de la Houssaie, 1787, 3 vol. in-12, rel. en v. 6 »

2007. MEMOIRES Secrets pour servir à l'Hist. de Perse, 1746, in-12, rel. v., avec la clé en partie manuscrite. 3 50

2008. MEMOIRES Secrets sur la Russie et particulièrement sur la fin du règne de Catherine II et Paul Ier, 1800, 4 vol. in-8, rel. bas. 12 »

2009. MEMOIRES, Souvenirs et Anecdotes sur l'Intérieur du Palais de Charles X, par Th. Anne, 1831, 2 vol. in-8, br. 4 »

2010. MENESTRIER (le Père), les divers Caractères des Ouvrages hist. avec le plan d'une Nouvelle Histoire de la Ville de Lyon, 1693, in-12, rel. 6 »

2011 MESERAY, Histoire de la Mère et du Fils, c'est-à-dire Marie de Médicis et Louis XIII, 1731, 2 vol. in-12, rel. v. 3 »

2012. MILITAIRE Philosophe (le), ou Difficultés sur la Religion proposée au P. Malbranche. *Londres*, 1768, in-12, rel. v. 3 50

2013. MONTEIL, Traité de Matériaux manuscrits de divers genres d'histoire, 1835, 2 vol. in-8, d.-rel. 4 »

2014. NODIER (CH.), Examen critique des Dictionnaires de la Langue française, 1829, 1 vol. in-8, d.-rel. 3 »

2015. — Souvenirs et Portraits de la Révolution et de l'Empire, 1831, 2 vol. in-8, br. 6 »

2016 NOUGAREDE DE FAYET, Histoire de la Révolution qui renversa la République romaine et amena l'Empire, 1820, 2 v. in-8, rel. bas., fil., tr. d. 8 »

2017. OEXMELIN, Histoire des Aventuriers, Flibustiers qui se sont signalés dans les Indes, 1774, 4 vol. in-12, rel. bas. 6 »

2018. OVIDE, l'Art d'Aimer, suivi d'un Remède d'Amour, trad. en fr., 1803, 1 vol. in-8, fig., rel. v., fil. 3 50

2019. PASTORET, Moïse considéré comme Législateur et comme Moraliste, 1788, 1 vol. in-8, rel. bas. 3 25

2020. **PEYRARD**, de la Nature et de ses Lois, 1793, 1 vol. in-8, fig., br. 2 25

2021. **PHALANGE** (la), Revue de la Science sociale, du 1er janvier 1845 au 31 décembre 1848, 4 années complètes en cahiers formant 8 forts vol. gr. in-8. 30 »

2022. **PILLES**, Cours de Peinture par principes, 1866, in-12, rel. v. 2 50

2023. **PLUCHE**, Histoire du Ciel, où l'on recherche l'origine de l'idolâtrie, 1778, 2 vol. in-12, fig. rel. v. f., fil., t. d. 5 »

2024. **PRADT** (l'abbé de), des Colonies et de la Révolution actuelle de l'Amérique, 1817, 2 vol. in-8, rel. v., fil. *Très-bel ex.* 6 »

2025. **PROCES** de l'Assassinat de la duchesse de Praslin devant la Cour des Pairs, le 8 août 1847, 3 part., in-4, pl. col., br. 8 »

2026. **RABELAIS**, OEuvres comp., Bastien, 1783, 2 vol. in-8, port., br. *Bel ex.* 15 »

2027. **REGNIER**, Satires et autres OEuvres, 1750, 2 vol. in-18, rel. v. 3 50

2028. **ROMAN** (le) de la Rose, par Guil. de Lorris et J. de Meung, dit Clopinel, édit. faite sur celle de Langlet-Dufresnoy, an VII, 5 vol. in-8, pap. de Hol., port., cart., n. rog. 50 »

2029. **RETIF** de la Bretonne, le Drame de la Vie, contenant un homme tout entier, 1793, 5 v. in-12, port. de Retif, d.-r. 15 »

2030. **SALGUES**, de Paris, des Mœurs, de la Littérature et de la Philosophie, 1813, 1 vol. in-8, d.-rel. 3 50

2031. **SATIRES** de Juvénal, trad. par Dussaulx, avec le texte en regard, 1803, 2 vol. in-8, rel. en v. rac. 6 »

2032. **SAYVE**, Voyage en Sicile, en 1820-21, contenant la description, les antiquités, l'agriculture, les volcans, les mœurs, etc., depuis la fin des temps fabuleux jusqu'à nos jours, 1822, 3 vol. in-8, d.-rel., cartes et fig. 9 »

2033. **SECRETS** (les) de Joseph Lebon et de ses Complices, ou Lettre de Guffroy, député à la Convention, an III, 1 fort. vol. in-8, br. 4 »

2034. **SUETONE**, les douze Césars, trad. du latin, par Laharpe, 1805, 2 vol. in-8, port., rel. v. rac., fil. 7 »

2035. **TACITE**. OEuvres comp., trad. de Dureau de la Malle, texte en regard, 1818, 6 vol. in-8, d.-rel. v. roug. *Thouvenin.* 20 »

2036. **TEXIER**, Tableau de Paris, Paulin, 1853, 2 vol. in-fol. avec 1,500 gr. Extrait de l'*Illustration*, br. 15 »

2037. **TOTSTOY**, Coup d'OEil sur la Législation russe, suivi d'un Aperçu sur l'administration de ce pays, 1839, grand in-8 de 174 pages, br. 4 »

2038. **TURGOT**, Réflexions sur la Formation et la Distribution des Richesses, 1766, in-12, rel. v. f. 3 »

2039. **VAUVILLIERS** (Mlle), Histoire de Jeanne d'Albret, reine de Navarre, 1818, 3 vol. in-8, d.-rel. 6 »

2040. **VIE** de Rossini, par Stendhal, 1824, 1 v. in-8, port., b. 3 50

2041. **VIE** privée du Maréchal de Richelieu, contenant ses amours et ses intrigues, 1791, 3 vol. in-8, d.-rel. v., n. rog. 9 »

2042. **VIEUX** (les) Conteurs français, revus et corrigés sur les édit. originales, par P. Lacroix, 1841, 1 vol. gr. in-8, br. 7 »

2043. **VILLEMAIN**, Mélanges historiques et littéraires, 1828, 3 v. in-8, rel. v. grav., fil. *Bel ex.* 9 »

2044. VOITURE (Œuvres de), nouvelle édit. avec la vie de l'auteur. Didot, 1856, 1 vol. in-8, br. 5 »
2045. WALTER-SCOTT, Vie de Napoléon, précédée d'un Tableau de la Révolution française. 1827. 9 vol. in-8, br. 18 »
2046. YOUNG (Arth.). Voyages en France pendant les années 1787 à 90, avec des notes et des observations de Casaux, 1793, 3 vol. in-8, cartes, d.-rel. 8 »
2047. ZSCHOKKE, Histoire de la Suisse, trad. de l'allem. par Menget, 1828, 2 vol. in-8, d.-rel. 7 »

ANA.

2048. ANA.... ou Bigarrures calotines, 1732, 4 part. en 1 vol. in-12, d.-rel. *Le titre est très-rog.* 6 »
2049. ANERIES révolutionnaires, ou Balourdisiana. Bêtisiana, bons Mots, Chansons, Couplets enfantés pendant la Révolution, an x. in-18, caricature col., br. 8 »
2050. ANONIMIANA, ou Mélanges de Poésies, d'Eloquence et d'Erudition, 1700, 1 vol in-12, rel. v. 4 »
2051. ARLIQUINIANA, ou les bons Mots, les Histoires plaisantes d'Arlequin, 1694, 1 vol. in-12, fig. 6 »
2052. ARNOLDIANA, ou Recueil d'Anecdotes piquantes, de Reparties et de bons Mots de Mlle Arnould, 1813, 1 vol. in-12, port., br. 5 »
2053. BERRYANA, ou Recueil des Traits de Bonté du duc de Berry, 1820, 1 vol. in-18, port., d.-rel. 2 »
2054. BIEVRIANA, ou Jeux de Mots de M. de Bièvre, an VIII; Linguetiana, ou Recueil de Pensées, Maximes, etc., de Linguet, 1801, ensemble 1 v. in-18, rel., port. 3 50
2055. BONAPARTIANA, ou Recueil d'Anecdotes, Traits sublimes, Saillies, Pensées, etc., de Bonaparte, 1829, in-18, br. 2 50
2056. CALEMBOURS (des) comme s'il en pleuvait, contenant un déluge de traits d'esprit, 1800, 18 fig. col., d.-rel. 3 »
2057. COMEDIANA, ou Recueil d'Anecdotes dramatiques, de bons Mots des Comédiens, etc., 1801, in-18, fig., d.-rel. 2 50
2058. COMEDIENS (les) ambulants, an VII, 2 vol. in-18, d.-r. 3 »
2059 CARNAVALIANA et Carêmiana ou Variétés sur le Carême et le Carnaval, s. d., in-18, fig., br. *Taché d'encre* 2 »
2060. CARPENTARIANA, ou Remarques d'Histoire, de Critique, d'Erudition et de bons Mots de Charpentier, 1724, 1 vol. in-12, rel. v. 3 50
2061. CHAMFORTIANA, ou Recueil d'Anecdotes piquantes et de Traits d'esprit de Chamfort, an IX, in-18, br. 2 »
2062. CHEVROEANA, 1700, 2 vol. in-12, rel. v. f. 6 »
2063. CHRISTI-ANA, ou Recueil des Maximes, Pensées morales du Christianisme, 1802, in-18, port. de Jésus-Christ. 2 25
2064. DALEMBERTIANA, 1813, in-18, port., br. 2 »
2065. DELILLIANA, ou Recueil d'Anecdotes, bons Mots, concernant Delille, 1813, in-18, port., br. 2 »
2066. DEPOT (le) de Bobèche, voleur et commissaire, Nouveau Théâtre des Boulevarts, s. d., in-18, fig., br. 1 50
2067. DICTIONNAIRE de la Folie et de la Raison, 1820, 2 vol. in-12, d.-rel. 2 25

2068. DIDEROTIANA ou Recueil d'Anecdotes, bons Mots, Pensées, etc., 1810, in-18, port., br. 1 75

2069. DUCATIANA, ou Remarques de Le Duchat sur divers Sujets d'Histoire et de Littérature, 1738, 2 vol. in-12, r. v. f. 6 »

2070. EMBECIALIANA, ou les Loisirs d'un Chauffeur, à l'usage des oisifs. *Valenciennes*, an XII, 1 vol. petit in-8, d.-rel. v., non rog. 4 »

2071. ENCYCLOPEDIANA, ou l'Abeille de Montmartre, 1801, in-18, fig. 1 75

2072. ESPRIT DE GEOFFROY, Jugement sur ses Pièces, 1803, in-18, br. 2 »

2073. ESPRIT (l') du Bon Vieux Temps, ou A Bas les Calembours, de Jocrisse et de Mme Angot, an VIII, 18 fig. c., d.-r. 2 50

2074. FACETIANA, précédé de l'Origine de Mlle Dalambic, epouse d'Esprit-Pointu, etc., 1817, in-18, br. 2 25

2075. FAGOT D'EPINES (le), ou Recueil de Couplets mordants, piquants, galants, etc., 1801, in-12, cart., non rog. 3 »

2076. FANSTASMAGORIANA, ou Recueil d'Histoires, d'Apparitions de spectres, revenants, etc, 1812, 2 vol. in-12, br. 6 »

2077. FONTAINIANA, ou Recueil d'Anecd., Traits ingénus, etc., de J. La Fontaine, 1801, in-18, d.-rel., port. 2 50

2078. FRÉDÉRICANA, ou Recueil de bons Mots, d'Anecdotes, Traits piquants de Frédéric II, an IX, in-18, br. 2 25

2079. FRIPONIANA et Jurisprudentiana, s. d., 1 vol. in-32, fig. col., d.-rel. 2 25

2080. FURETIERIANA, ou les bons Mots et Remarques de Furetière, 1696, rel. v., avec l'Art de ne point s'ennuyer, et l'Asne, 1 vol. 4 »

2081. GALANTERIANA, ou Choix de Propos Joyeux et d'Anecdoctes galantes, anciennes et modernes, 1814, 2 vol. in-12, fig., br. 7 »

2082. GASTRONOMIANA, ou Recueil curieux et amusant d'Anecdotes et Réflexions gastron., s. d., in-18, fig. col., br. 2 25

2083. GRANDES PARADES de Bobèche et des Boulevarts, 1835, in-18, fig., cart. 1 75

2084. GREGOIREANA, ou Résumé de la Conduite, des Actions et des Ecrits de l'abbé Grégoire. 1821, in-18. port., br. 2 25

2085. GRIVOISIANA, ou Recueil facétieux, par Martainville, 1807, in-18, fig., col., br. 2 50

2086. GRIMMIANA, ou Recueil de bons Mots, d'Anecdotes, etc., de Grimm, 1813, 1 vol. in-18, br. 2 »

2087. HARPAGONIANA, ou Recueil d'Aventures, de Traits plaisants, entremêlés de pensées sur l'avarice, etc., 1801, in-18, fig., d.-rel, avec le Prêteur sur Gages, an VII, fig. 2 50

2088. HENRICIANA, ou Traits sublimes de Henri IV, 1814, in-18, port., br. 2 25

2089. HUETIANA, ou Pensées diverses de Huet, 1722, in-12, rel. v. 4 »

2090. INFERNALIANA, 1822, in-12, fig., br. 2 50

2091. LONGUERUANA, ou Recueil de Pensées, Discours et Conversations de Longuerue, 1754, 2 part. en 1 vol. in-12, rel. v., fil. 5 »

2092. **MAINTENONIANA**, ou Choix d'Anecdotes, Pensées ingénieuses, bons Mots, Maximes, etc., de Mme de Maintenon. 1773, 1 vol. in-8, rel. v. 3 50

2093. **MALESHERBIANA**, ou Recueil d'Anecdotes, Pensées, etc., 1802, in-18, port., d.-rel. 2 25

2094. **MALHERBIANA**, ou Recueil d'Anect., Epigrammes, etc., 1811, in-18, br. 1 75

2095. **MARTINIANA**, id est, litteræ, tituli, cartæ, privilegia, et documenta, tam fundationis, etc., 1606, 1 vol. petit in-8, rel. en parch. On lit sur le titre : A l'Eglise de Paris. 10 »

2096. **MATANASIANA**, ou Mémoires littéraires, historiques et critiques de Matanasius, 1740, 2 vol. in-12, fig., rel. v. 7 »

2097. **MAUPERTUISIANA** et autres diatribes dans le même vol., 1753, 1 vol. in-8, rel. v. 3 50

2098. **MENAGIANA**, 1693, 1 vol. in-12, rel. v., br. 1re édit 5 »

2099. — Ou les Bons Mots et Remarques critiques de Menage, 1715, 4 vol. in-12, rel. en v. br. 20 »

2100. **MERCIERIANA**, ou Recueil d'Anecdotes de Mercier, etc., 1834, in-18, cart. non rog. 3 »

2101. **MERD....NA**, ou Manuel des Ch....., recueil propre à certain usage, s. d., in-18, fig., br. 2 25

2102. **MOLIÈRANA**, ou Recueil d'Aventures, d'Anecdotes, bons Mots, etc., de Molière, 1801, in-18, port., d.-rel. 2 50

2103. **NAPOLEONINA**, ou Recueil d'Anecdotes pour servir à l'Hist. de la Vie de Buonaparte, 1814, in-18, br. 2 50

2104. **NAUDÆANA** et **PATINIANA**, ou Singularités remarquables prises dans les conversations, 1703, 2 part.; Hist. de l'Académie, 1709, ensemble 1 vol. in-12, rel. en v. 4 »

2105. **NOUVELLE** Bibliothèque de Littérature, ou Choix des meilleurs morceaux tirés des Ana, 1765, 2 vol. in-12, rel. v. 7 »

2106. **OMNIANA**, ou Extraits des archives de la Société des Gob-Mouches, par Moucheron, 1808, 1 vol. in-12, fig., br. 4 »

2107. **PARRHASIANA**, ou Pensées diverses sur des matières de critiques, d'histoire, de morale, etc., 1699, 2 vol. in-12, rel. v. f. 7 »

2108. **PERRONIANA**, sive excerpta ex ore cardinalis Peronii. *Genève*, 1669, 1 vol. in-12, parch 3 50

2109. **POGGIANA**, ou la Vie, les Sentences et les ons Mots du Pogge, 1720, 2 vol. in-12, rel. v. 4 50

2110. **POISSARDIANA**, ou Catéchisme des Halles, ouvrage utile à la jeunesse, an II, 18 fig. — Pironiana, ou Recueil des Aventures plaisantes, bons Mots, etc., de Piron, 1809, ens. 1 vol. in-18, port., rel. bas. 4 »

2111. **POTERIANA**, ou Recueil de Cancans de ville et de coulisses, etc., de Potier, s. d., in-18, fig., br. 2 50

2112. **PRADTIANA**, ou Recueil des Pensées, Réflexions, etc., de l'abbé de Pradt, 1820, in-18, port., br. 1 75

2113. **REVOLUTIONIANA**, ou Anecdotes, Epigrammes et Saillies relatives à la Révolution, an X, in-18, fig., br. 3 50

2114. **RIVAROLIANA**, ou Recueil de bons Mots, Réparties, Satires, etc., de Rivarol, 1812, in-18, port., br. 2 25

2115. **ROUSSEANA**, ou Recueil de bons Mots, Maximes, Pensées, etc., de J.-J. Rousseau, 1810, in-18, br. 2 »

2116. ROUSSELIANA, ou Recueil de tous les bons Mots, Calembours, Facéties, etc., de Cadet-Roussel, s. d. (vers 1800), in-18, caricature col., cart., non rog. 3 »
2117. SAINT-EVREMONIANA, ou Recueil de Pièces curieuses, Pensées et beaux Traits d'histoire, 1710, 1 vol. in-12, port., rel. v. 4 »
2118. SANTEUILLIANA, ou les bons Mots de Santeuil, avec un abrégé de sa vie et diverses pièces, 1608, 1 vol. in-8, rel. v. f. 3 50
2119. SCALIGERANA, Thuana, Pithoeana, Colomesiana, 1740, 2 vol. in-12, rel. v. 8 »
2120. — Editio altera, ad verum, exemplar restituta, 1667, 1 vol. in-12, rel. v. 3 50
2121. SEVIGNIANA, ou Recueil de Pensées ingénieuses, d'Anecdotes littéraires, historiques et morales de Mme de Sévigné, 1768, in-12, rel. v. 3 50
2122. — Ou Recueil de Pensées, d'Anecdotes historiques et litté., de Mme de Sévigné, an IX, 2 vol. in-12, cart., peu rog. 6 »
2123. SERBERIANA, ou les Pensées critiques de Sorbière, 1695, in-12, rel. v. 3 »
2124. STAELLIANA, Recueil de bons Mots, Maximes et Pensées de Mme de Staël, 1820, in-18, port., br. 2 »
2125 TOUQUETIANA, ou Biographie pittoresque d'un Grand Homme, 1821, in-18, br. 1 50
2126. TOUTLEMONDIANA, ou Feu roulant de Calembours, Jeux de mots, etc., 1838, in-32, port., d.-rel. 2 50
2127. VALESIANA, ou les Pensées de Valois, 1694, fig. — Varillasiana, ou ce que l'on a entendu dire à Varillas, 1734, 2 vol. rel. en un 5 »
2128. VASCONIANA, ou Recueil de bons Mots, Pensées les plus plaisantes et Rencontres les plus vives des garçons, 1708, 1 vol. in-12 rel. v. 4 »
2129. VOLTARIANA, ou Eloges amphigouriques de M. Arrouet de Voltaire, 1788, 1 v. in-8, rel. v. 5 »
2130. — Ou Recueil de bons Mots, Plaisanteries, Pensées ingén. et Saillies spirituelles, etc., 1801, in-18, port., d.-rel. 2 50
2131. BADAUDIANA, ou le Nouveau Parisiana, Traits d'esprit et Aneries, 1817, in-32, fig. col., br. 1 75
2132. ENCYCLOPEDIANA, Recueil d'Anecdotes anciennes et modernes et contemporaines, 1857, 1 vol. in-8, fig., br. 3 80
2133. MAXIMES et Réflexions morales de La Bruyère, de l'Imp. de Monsieur, 1781, in-18, rel. v. f. fil. 5 »
2134. ANTI-LUCRÈCE (l'), Poème sur la Religion naturelle, par Polignac, trad. par Bougainville, 1767, 2 vol. in-12, rel. en maroq. roug. tr. d. *Très-bel ex.* 16 »
2135. REGNIER, OEuvres. *Genève*, 1777, 2 vol. in-24, rel. maroq. rouge, fil., tr. d. *Légère différence dans les fers du dos.* 8 »
2136. VOLTAIRE, la Henriade, en dix chants. *Genève*, 1778, in-32, maroq. vert, fil., tr. d. 5 »

Le Catalogue sera envoyé à toutes les personnes qui en feront la demande (*Affranchir*).

Tous les ouvrages portés sur cette notice sont garantis complets, à moins d'indications contraires.

Imprimerie de Raynal, à Rambouillet.

FRANCE, LIBRAIRE,

9, QUAI VOLTAIRE, A PARIS.

N° 14. — Septembre 1860.

2318. **ABELLI**, Vie de Saint-Vincent de Paul, 1839, 2 vol. in-8, rel. bas. 6 »
2319. **ABREGE** de l'histoire romaine, orné de 49 grav. représentant les principaux sujets, 1789, 1 vol. in-4, rel. v., tr. d. 6 »
2320. **ADHEMAR** (comtesse d'), Souvenirs sur Marie-Antoinette et sur la cour de Versailles, 1836, 4 vol. in-8, br. 12 »
2321. **ARAGO**, Souvenirs d'un Aveugle, Voyage autour du Monde, 1839, 5 vol. gr. in-8, fig., br. 15 »
2322. **ARNOLDIANA**, Recueil d'Anecdotes piquantes, bons Mots, de Sophie Arnould. 1813, 1 vol. in-12, rel en v. 4 »
2323. **ASTREE** (l') de Hon d'Urfé, 1634, 5 vol. in-8, frontisp. gr., rel. en v. brun. *Un peu rogné et mouillé.* 30 »
2324. **AUDIERNE** (l'abbé), le Périgord illustré, guide monumental, statistique, hist. de la Dordogne. *Périgueux*, 1851, 1 vol. in-8, gr., br 5 »
2325. **AUTORITE** (l') législative de Rome anéantie (par Brissot), 1784, in-8 de 73 pag., br. 2 »
2326. **BARCHOU**, Essai d'une Philosophie de l'Histoire, 1854, 2 vol. in-8, br. 5 »
2327. **BARTHELEMY**, Voyage du jeune Anacharsis en Grèce. *Paris*, Janet et Cotelle, 1824, 7 vol. gr. in-8, pap. vél. et atlas in-4 obl. de 37 pl., br. 25 »
2328. **BAUSSET**, Mémoires anecdotiques sur l'intérieur du palais et sur quelques événements de l'Empire, de 1805 jusqu'à 1814. *Paris*, 1827, 4 vol. in-8, rel. bas. 10 »
2329. **BIGOT DE MOROGUES**, Mémoires hist. et physiq. sur les Pierres tombées sur la surface de la terre, 1812, 1 vol. in-8, br. 4 »
2330. **BIOGRAPHIE** universelle, publiée sous la direction de M. Weiss. *Paris*, Furne, 1841, 6 vol. g. in-8, port., b. 45 »
2331. **BLANC**, des Causes des Révolutions et de leurs effets, 1801, 2 vol. in-8, br. 3 »
2332. **BOILEAU**, OEuvres comp. avec un commentaire d'Amar, Lefevre, 1821, 4 vol. in-8, fig., br. 24 »
2333. **BOISSY-D'ANGLAS**, Essai sur les Fêtes nationales, suivi de quelques idées sur les Arts, an II, in-8 de 192 pag., br. 3 »
2334. **BOSSUET**, OEuvres, Didot, 1856, 4 vol. gr. in-8, d.-rel. maroq. noir. 32 »
2335. **BOUCHER DE PERTHES**, Voyage à Constantinople, par l'Italie et la Grèce, et retour par les provinces danubiennes, l'Autriche, etc., 1855, 2 forts vol. in-12, br. 6 »

2336. **BRANDES**, Considérations politiques sur la Révolution, 1791, in-8, 228 pag., br. 1 50

2337. **BROGLIE** (Albert de), l'Eglise et l'Empire romain au IVe siècle, 1856, 2 vol. in-8, br. 8 »

2338. **BUCHEZ ET ROUX**, Histoire parlementaire de la Révolution française, 1834, 40 vol. in-8, jolie d.-rel. en v. olive. *Bel exemp.* 130 »

2339. **CAPELLE** (l'abbé), Histoire des Fêtes célébrées à Lille en 1854, à l'occasion du Jubilé séculaire de Notre-Dame de la Treille. *Lille*, 1854, 1 vol. gr. in-8, gr., br. 4 »

2340. **CATHOLIQUE** (le), magasin religieux, nouvelles inédites, histoires, etc., orné de 70 gr., s. d., 1 vol. in-4, d.-rel. 5 »

2341. **CASSANDRE**, ou quelques Réflexions sur la Révolution française, 1798, in-8, fig., de 133 pag., br. 2 50

2342. **CATECHISME** (le) du Genre humain, pour l'Education sociale, 1789, in-8 de 206 pag., br. 2 »

2343. **CAUCHOIS-LEMAIRE**, Lettres politiques, religieuses et historiques, 1828, 2 vol. in-8, br. 3 »

2344. **CHOISEUL**, de l'Influence des Croisades sur l'état des Peuples de l'Europe. 1809, 1 vol. in-8, br. 3 50

2345. — Parallèle hist. des Révolutions d'Angleterre et de France sous Jacques II et Charles X, 1851, vol. in-8, br. 3 50

2346. **COLOMBET**, Histoire de Saint-Jérôme, père de l'Eglise au IVe siècle, 1844. 2 vol. in-8, br. 7 »

2347. **COMMETTANT**, Histoire d'un Inventeur au XIXe siècle, Adol. Sax, ses ouvrages et ses luttes, 1860, 1 fort vol. gr. in-8 de 552 pag., br. 5 »

2348. **COMMISSIONNAIRE** (le) de la Ligue d'Outre-Rhin, ou le Messager nocturne, contenant les aventures galantes et politiques arrivées aux chevaliers français et à leurs dames, etc., 1792, in-8, 240 pag., br. 2 50

2349. **CONSEIL**, Mélanges politiq. et philosoph., extrait de la correspondance et des mémoires de Jefferson, 1833, 2 vol. in-8, d.-rel. v. bleu. 6 »

2350. **CORRESPONDANCE** philosophique de Caillot Duval, 1795, 1 vol. in-8, br. 2 »

2351. **CREVIER**, Histoire des Empereurs romains. *Paris*, Tanré, 1818, 6 vol. in-8, rel. bas., fil. *Bel exemp.* 20 »

2352. **CYPRIEN DESMARAIS**, Ephémérides hist. et politiq. du règne de Louis XVIII, 1825, 1 vol. in-8, br. 2 »

2353. **DANICAN**, les Brigands démasqués, ou Mémoires pour servir à l'histoire du temps présent, 1796, in-8, port. de Barras, avec une guillotine sur son écusson, 235 pag., br. 5 »

2354. **DARGAUD**, Hist. de Marie Stuart, 1850, 2 vol. in 8, b. 7 »

2355. **DESCRIPTION** des Médailles du cabinet de M. Magnoncour, par Longpérier. 1840, gr. in-8 de 139 pag. et 2 pl., br. 2 50

2356. **DESCRIPTION** des Antiquités et Objets d'art qui composent le cabinet de Durand, 1836, 1 vol. gr. in-8 de 544 pag. et 5 pl., br. 4 »

2357. **DESTOUCHES**, OEuvres dramatiques, Tanré, 1820, 6 vol. in-8, fig., d.-rel. 12 »

2358. **DISCOURS** hist. sur le caractère de Louis XI, 1790, in-8 de 174 pag., br. 1 50
2359. **DISCOURS**, Messages et Proclamations de l'Empereur, de 1849 à 1860, 1 vol. in-8 de 415 pag., br. 3 »
2360. **DREUX DU RADIER**, Mémoires hist., critiq. et anecdotes des reines régentes de France, 1808, 6 vol. in-8, d.-rel. 12 »
2361. **DUBERNE** Histoire des Reines et Régentes de France et des Favorites des rois, 1837, 2 vol. in-8, br. 5 »
2362. **DUCOIN** (Aug.), Philippe d'Orléans-Égalité, Monographie, Détails inédits sur P. d'Orléans, facs., 1845, 1 v. in-8, b. 3 »
2363. **DUSSIEUX**, Nouvelles françaises, 1775, 2 vol. in-8, avec 10 gr., 10 grandes vignettes et fleurons de Martini, rel. en v. écail. 7 »
2364. **ESPRIT**, Pensées et Maximes de l'abbé Maury, 1791, 1 vol. in-8, br. 2 »
2365. **ESSAI** sur l'Histoire de la Révolution française, par une société d'auteurs latins, an III in-8 de 85 pages, en latin et en français, br., curieux pamphlet royaliste. 2 50
2366. **ETUDES** sur la Marine française (par le prince de Joinville), 1859, 1 vol. in-8, br. 5 »
2367. **EXTRAIT** d'un Dictionnaire inutile, composé par une société en commandite, 1790, 1 vol. in-8, d.-rel. bas. 2 50
2368. **FEMMES** (les) de Shakespeare, 45 sujets des premiers artistes de Londres, épreuves sur chine, s. d., 2 vol. grand in-8, d.-rel. maroq. noir. 18 »
2369. **FENELON**, OEuvres complètes. *Paris*, Briand, 1810, 10 v. in-8, rel. bas. 20 »
2370. — OEuvres complètes, avec la vie, par Bausset, Gaume, 1852, 10 vol. gr. in-8 à 2 col., br. 60 »
2371. **FERRIÈRE-LEVOYER**, une Ambassade française en Chine, journal d'un voyage, 1854, vol. in-8, br. 2 50
2372. **FEVAL**, les Tribunaux secrets, ouvrage historique. *Paris*, Penaud, 8 vol. gr. in-8, 40 gr. sur acier, br. 24 »
2373. **FONTANIER**, Voyage dans l'Inde et dans le golfe Persique, par l'Égypte et la mer Rouge, 1844, 2 t. en 3 p., in-8, b. 6 »
2374. — Voyage dans la Turquie d'Asie, 1829, 1 v. in-8, f., b. 2 50
2375. — Voyage dans l'archipel indien, 1852, 1 vol. in-8, br. 3 »
2376. **FOURNIER-VERNEUIL**, le Huron de Montrouge, 1824, 1 vol. in-8, br. 2 »
2377. **FONTENELLE**, OEuvres. *Paris*, Salmon, 1825, 5 vol. in-8, br. 16 »
2378. — La même édit., 5 v. in-8, d.-r. maroq. citron, n. r. 20 »
2379. **FRERET**, OEuvres complètes, 1796, 20 v. in 18, r. v. 20 »
2380. **GAILLARD**, de la Rivalité de la France et de l'Angleterre, 1818, 6 vol. in-8, rel. v., fil. 18 »
2381. — Histoire de Charlemagne, 1819, 2 v. in-8, r v., fil. 6 »
2382. **GALERIE** des Femmes de Walter-Scott, 40 portraits gr. sur acier, accompagnés chacun d'un portrait littéraire, s. d., 1 joli vol. gr. in-8, d.-rel. maroq. violet. 10 »
2383. **GALIANI**, Dialogue sur le commerce des bleds. *Londres*, 1770, 1 vol. in-8, rel. v. 4 »

2384. GARNIER, Histoire de la Monnoie, depuis les temps de la plus haute antiquité jusqu'au règne de Charlemagne, 1819, 2 vol. in-8, cart., n. rog. 8 »

2385. GARSAULT, le Nouveau Parfait Maréchal, etc., 1755, 1 vol. in-4, fig. nombreuses, rel. v. 10 »

2386. GENLIS (Mme de), Mme de Maintenon, 1806, 1 v. in-8, 2 50

2387. GINGUENE, Histoire littéraire d'Italie, 1811-19, 9 vol. in-8, d.-rel. 24 »

2388. GREGOIRE, Histoire du mariage des prêtres en France, particulièrement depuis 1789, 1826, in-8, 126 pages. — Des libertés de l'Église gallicane, contenant la déclaration de Bossuet en 1682, etc., par Baillot, 1817, 158 pages, 1 vol in-8, cart. 3 50

2389. GREGOIRE, les Ruines de Port-Royal-des-Champs, 1809, 1 vol. in-8 de 175 pages, br. 2 50

2390. GRESSET, OEuvres complètes, avec le Parrain Magnifique. *Paris*, Renouard, 1810, 3 vol. in-8, jolies gr., d.-rel. v. ant. *Bel exemp.* (*rare*). 20 »

2391. GROISEILLIEZ, Histoire de la chute de Louis-Philippe, 1851, 1 vol. in-8, br. 3 50

2392. GUIDE pittoresque du voyage en France, contenant la statistique et la description des 86 départements, orné de 700 vignettes et port. gr. *Paris*, Didot, 1838, 6 v in-8, d.-r. 20 »

2393. GUILLAIN, Documents sur l'histoire et la géographie de Madagascar, impr. royale, 1845, 1 vol. gr. in-8, br. 5 »

2394. GUIZOT, collection des mémoires relatifs à l'histoire de France, depuis la fondation de la monarchie française jusqu'au XIIIe siècle, avec des notices, Brière, 1824, 29 vol. in-8, rel. en v., fil.; 11 v. sont en pleine bas. imit. le v. *Bel ex.* 135 »

2395. — Histoire de la Civilisation en France et en Europe, 1843, 5 vol. in-8, br. 20 »

2396. — Vie de Washington, Histoire de la Guerre de l'Indépendance et de la Fondation de la République des Etats-Unis d'Amérique, 1851, 6 v. in-8 et atlas, d.-rel. mar. vert. 27 »

2397. HALLAM, l'Europe au moyen age, trad. de l'angl., 1737, 4 vol., maroq. vert. 14 »

2398. HENRION, Histoire générale de l'Eglise, depuis la prédication des apôtres jusqu'à Grégoire XVI, Gaume, 1851, 13 vol. in-8, br. 38 »

2399. HEEREN, De la Politique et du Commerce des peuples de l'antiquité, Didot, 1830, 7 vol. in-8, d.-rel. 33 »

2400. HISTOIRE pittoresque de la Convention et de ses principaux membres, 1835, 4 vol. in-8, br. 6 »

2401. HOCQUART, Le duc de Berry, ou Vertus et belles Actions d'un Bourbon, 1820, 2 livraisons in-4, 72 pages, 12 grav., pap. vélin, br. 6 »

2402. HONGRIE (la) Ancienne et Moderne, histoire, arts, littérature et monuments, 1841, 1 vol. gr. in-8, illustré, br. 6 »

2403. JOURNAL du marquis Dangeau, extraits du manuscrit original, avec des notes, par Mme de Genlis, 1817, 4 vol. in-8, cart. 8 »

2404. LA BEDOLLIÈRE, Histoire de la Vie privée des Français

depuis l'origine de la monarchie jusqu'à nos jours, 1847, 3 vol. in-8, br. 8 »

2405. LAHARPE, Du Fanatisme dans la langue révolutionnaire, 1797, in-8 de 122 pages, br. 1 50

2406. LAMARTINE, Histoire de la Restauration, 1851, 8 vol. in-8, d.-rel. bas. *Propre.* 28 »

2407. LAMENNAIS. Essai sur l'Indifférence en matière de religion, 1836. 5 vol. in-8 en 3, non rog. *Bel exemp.* 20 »

2408. LANFREY, Essai sur la Révolution française, 1858, 1 vol. in-8, d.-rel. maroq. 5 »

2409. LAZARE, Dictionnaire des rues de Paris et de ses monuments, 1845, 1 vol. in-4, br. 4 »

2410. LEGRAND d'Aussy, Fabliaux ou Contes, fables et romans des XIIe et XIIIe siècles, trad. ou extraits. *Paris*, Renouard, 1829, 5 vol. in-8, fig., pap. vél., d.-rel. maroq. rouge, non rog., dorés en tête. *Sup. exemp* 60 »

2411. LETTRES de Saint-Augustin, trad. en français sur l'édition des Bénédictins, avec des notes, par Dubois, 1737, 6 vol. in-12, rel. v. granit. *Bel exemp.* 15 »

2412. LINGUET, Essai philosophique sur le monachisme, 1775, in-8 de 175 pag., br. 2 »

2413. — Mémoires au roi. *Londres*, 1786, 1 vol. in-8, br. 2 »

2414. LOURDOUEIX, La Révolution, c'est l'Orléanisme, 1832, 1 vol. in-8, facs, br. 2 »

2415. MABLY (l'abbé de), Observations sur les Romains, 1751, 2 part. en 1 vol. in-12, rel. v. 3 »

2416. MALFILATRE, le Génie de Virgile, 1810, 4 vol. in-8, rel. v., fil. *Bel ex.* 10 »

2417. MANUEL, la Police de Paris Dévoilée, l'an IIe de la liberté, 2 vol. in-8, br. 4 50

2418. MANUSCRITS de l'ancienne abbaye de Saint-Julien, à Brioude, légende du VIIe siècle. — Le Livre des Gestes de Philibert III, chronique du VIIIe siècle, publié par Trognon, 1831, 1 vol. in-8, cart. non rogné. 6 »

2419. MARCHAL, la Famille d'Orléans depuis son origine jusqu'à nos jours, 1845, 1 vol. in-8, br 3 »

2420. MARIA STELLA, ou Echange criminel d'une demoiselle du plus haut rang contre un garçon de la condition la plus vile, 1830, 1 vol. in-8, port. br. 3 50

2421. MARTIN DOISY, manuscrit inédit de Louis XVIII, 1839, 1 vol. in-8, facs., br. 3 »

2422. MARTIN (AIMÉ), Plan d'une bibliothèque universelle, 1837, 1 vol. in-8, br. 4 50

2423. MELANGES de littérature et d'histoire, recueillis et publiés par la Société des bibliophiles français, 1850, 1 joli vol. petit in-8, br., tiré à petit nombre. 10 »

2424. MEMOIRES du duc de Rovigo pour servir à l'hist. de Napoléon, 1828, 8 vol. in-8, rel. bas. 16 »

2425. MEMOIRES et Correspondance de Mallet du Pan, pour servir à l'histoire de la Révolution, publiés par Sayons, 1851, 2 vol. in-8, d.-rel. maroq. vert. 10 »

2426. **MEMOIRES** et Correspondance de Mme d'Epinay, deuxième édition, 1818, 3 vol. in-8, rel. bas. fil. 15 »

2427. **MEMOIRES** historiques et authentiques sur la Bastille, dans une suite de près de 300 emprisonnements, constatés par des pièces depuis 1475-1789, 3 vol. in-8, gr., br. 9 »

2428. **MEMOIRES** historiques et pièces authentiques sur Lafayette, 1790, 1 vol. in-8, br. 1 50

2429. **MEMOIRES** pour servir à l'Histoire de la persécution française, par l'abbé Doribaud, 1814, 2 vol. in-8, br. 5 »

2430. **MEMOIRES** de Wilhelmine de Prusse, margrave de Bareih, sœur de Frédéric-le-Grand, 1813, 2 v. in-8, cart., non rog. 8 »

2431. **MICHAUD et POUJOULAT**, Correspondance d'Orient, 1833, 7 vol. in-8, d.-rel. 18 »

2432. **MIGNE** (l'abbé), Dictionnaire de Philologie sacrée, 1846, 4 vol. gr. in-8, br. 22 »

2433. — Dictionnaire des Sciences occultes, 1848, 2 vol. gr. in-8, br. 10 »

2434. — Dictionnaire des Conciles, 1846, 2 vol. gr. in-8, br. 11 »

2435. — Dictionnaire des Cérémonies et Rites sacrés, 1847, 3 vol. gr. in-8, br. 16 50

2436. — Dictionnaire de Géologie et de Chronologie, 1849, 1 vol. gr. in-8, br. 5 50

2437. Dictionnaire de Diplomatique chrétienne, 1846, 1 vol. gr. in-8, br. 5 50

2438. — OEuvres très-complètes de Mgr de Partz de Pressy, évêque de Boulogne, 1842, 2 v. g. in-8, br. 10 »

2439. — Prônes pour les dimanches et fêtes, 1844, 1 vol. gr. in-8, br. 4 »

2440. **MOLIÈRE**, OEuvres complètes, 1789, 8 vol. in-12, fig., rel. v. 10 »

2441. **MONDOT**, Histoire des Indiens des Etats-Unis, 1858, 1 vol. in-8, br. 3 »

2442. **MONCKHOVEN**, Répertoire général de photographie pratique et théorique, contenant tous les procédés, 3e édition, 1859, 1 vol. in-8, et 10 pl., br. 7 »

2443. **MONNIER**, Traditions populaires, comparées, mythologie, règne de l'air et de la terre, 1854, 1 fort vol. in-8, br. 4 »

2444. **MONTAIGNE** (les Essais de Michel de), nouvelle édition, augmentée d'un tiers, plus la vie de l'auteur, 1625, 1 fort vol. in-4, rel. v. 6 »

2445. **MONTJOYE**, Des Principes de la monarchie française, 1790, 1 vol. in-8, de 239 pag., br., première et seule partie parue et très-peu connue. 3 »

2446. **MUSSET-PATHAY**, Histoire de la vie et des ouvrages de J.-J. Rousseau, 1827, 1 vol. in-8. br. 5 »

2447. **MYSTÈRES** des vieux châteaux de France, amours secrètes des rois et des reines, etc., publiés par Penaud, 6 vol. gr. in-8, illustrés, br. 24 »

2448. **NECKER**, De la Révolution française, 1797, 4 parties en 2 vol., d.-rel. 5 »

2449. — Du Pouvoir Exécutif dans les grands états, 1792, 2 vol. in-8, d.-rel. 3 50

2450. NOEL. Dictionnaire de la Fable, 1823, 2 vol. in-8, rel. v., dernière édition. 14 »
2451. ORIGINE de la Noblesse française, depuis l'établissement de la monarchie. 1766, 1 vol. in 12, rel v. 3 »
2452. OSSIAN, fils de Fingal, barde du IIIe siècle, poésies galliques, trad. en fran. par Letourneur, 1810, 2 v. in-8, fig., r. v. 7 »
2453. PAGANEL, Histoire de Joseph II, empereur d'Allemagne. 1853, 1 vol. in-8, br. 4 50
2454. — Histoire de Frédéric-le-Grand, 1847, 2 vol. in-8, br. 8 »
2455. PLANE, Essais sur la Physionomie, 1803, 2 vol. in-8, 15 gr., br. 5 »
2456. PHYSIOLOGIE de la Poire, par Benoît, jardinier, 1832, 1 vol. in-8, fig. *Brochure contre Louis-Pilippe.* 3 »
2457. PRADEL (le comte de), De la Royauté au XIXe siècle, étude sur l'histoire contemporaine, 1841, 1 vol. gr. in-8, br. 4 »
2458. PROCES des ministres de Charles X, devant la Cour des Pairs, en décembre 1830, édition originale, 1 fort vol. in-8, d.-rel., maroq. rouge. 4 »
2459. PROCÈS du prince de Condé, Observations sur l'instruction, plaidoyer et réplique de M. Hennequin, conclusions motivées, etc., 1831, 6 pièces en 1 vol. in-8, d.-rel., maroq. rouge. 5 »
2460. QUATREMÈRE DE QUINCY, Histoire de la vie et des ouvrages de Raphaël, 1835, 1 vol. g. in-8, port. et gr., br. 9 »
2461. RAPPORT fait à Louis XVIII (par Montyon), 1796, in-8 de 184 pages, br. 2 »
2462. REBOULET, Histoire du règne de Louis XIV, 1744, 3 vol. in-4, rel. v. 8 »
2463. RECUEIL de cantiques maçonniques, 1804, in-12, br. 1 50
2464. REGNIER, OEuvres complètes, avec les commentaires de Brossette, Lequien, 1822, 1 vol. in-8. d.-rel. 5 »
2465. RELATIONS du voyage de Mesdames, tantes du roi, en 1798, in-8 de 80 pag., br. 1 25
2466. REMUSAT, l'Angleterre au XVIIIe siècle, 1856, 2 forts vol. in-8, br. 8 »
2467. REMY, la Faction orléaniste, Philippe-Egalité, Louis-Philippe Ier, la Régence et la Fusion, 1852, 1 vol. in-8, br. 3 »
2468. RENOUARD, Annales de l'Imprimerie des Aldes. *Paris*, Renouard, 1825, 3 vol. in-8, d.-rel., maroq. viol., non rog. *Très-bel exemp.* 24 »
2469. REPERTOIRE, ou Mémorial chronologique de tous les actes authentiques relatifs à la révolution de 1788 à fructidor an IV, 3 vol. in 4, d.-rel. 6 »
2470. REYBAUD, Jérôme Paturot à la recherche d'une position sociale, Dubochet, 1846, 1 vol. gr. in 8, illustré par Granville, cart. en toile, tr. dorées. 11 »
2471. ROCHET d'Héricourt, Second voyage sur les deux rives de la mer Rouge, dans le pays des Adels et le royaume de Choa. *Paris*, Art. Bertrand, 1846, 1 vol. gr. in-8, fig. et une carte 10 »
2472. SAINT-AMAND, Des colonies, particulièrement de la Guyane française, 1822, 1 vol. in-8. 2 50

2173. SAINT-EVREMOND, OEuvres complètes, avec la vie de l'auteur, par Des Maizeaux, 1740, 10 vol. in-12, fig., rel. v. 10 »
2174. SAISONS (les), par Saint Lambert, 1823, 1 vol. in-8, fig. de Desenne, br. 3 50
2175. SALLIER, Annales françaises, de 1774 à 1790. *Paris*, 1813-1832, 3 vol. in-8, br. 5 »
2176. SAPEY, Etudes biographiques pour servir à l'histoire de l'ancienne magistrature française, G. Du Vair et Ant. Maistre, Amyot, 1858, 1 vol. in-8, br. 5 »
2177. SECRETS de la cour de Louis XVIII, recueil de pièces authentiques, Lettres au comte d'Artois, etc., 1815, in-8 de 84 pages, br. 2 »
2178. SERVIN, Histoire de la ville de Rouen, suivie d'un Essai sur la Normandie littéraire. *Rouen*, 1775, 2 vol. in-12, rel. bas. 5 »
2179. SISMONDI, De la Littérature du midi de l'Europe, 1813, 4 vol. in-8, cart. non rog. 14 »
2180. SOUVESTRE, Causeries hist. et littéraires. *Genève*, 1854, 2 vol. in-12, br. 5 »
2181. SPANHEIM, Les Césars de l'Empereur Julien, trad. du grec, avec des remarques et des preuves par les médailles. *Paris*, 1696, 1 vol. in-4, 384 médailles, rel. v. 5 »
2182. STAEL (Mme de). OEuvres complètes. *Paris*, Trentel, 1820, 17 vol. in-8, d.-rel. v. 60 »
2183. STRAUSS, Vie de Jésus-Christ, ou Examen critique de son histoire, traduit de l'allemand, par Litré, 1839, 2 forts vol. in-8, d.-rel. v. 14 »
2184. TABLEAU de l'Europe en novembre 1795, in-8 de 143 pages, br. 1 50
2185. TASTU (Mme), Chroniques de France, 1829, 1 vol. in-8, pap. vélin, d.-rel. v. rouge, coins, non rog. 5 50
2186. THIERRY (Aug.), Essai sur l'Histoire de la formation du Tiers Etat, Furne, 1853, 1 vol. gr. in-8, br. 6 »
2187. THOMAS (de l'Académie), OEuvres complètes 1825, 6 vol. in-8, br. 12 »
2188 UN AN de la vie de Louis-Philippe Ier, journal authentique du duc de Chartres, écrit par lui-même, 1790-91, in-8 de 118 pages, br. 2 50
2189. VERTOT, OEuvres contenant les révolutions romaines, de Portugal, etc., Janet, 1819, 12 vol. in-8, rel. v. racine, fil. *Bel exemp.* 30 »
2190. VINCENDON-DUMOULIN, Les Iles Marquises, histoire, géographie, mœurs, etc., 1843, 1 vol. in-8, br. 3 50

Le Catalogue sera envoyé à toutes les personnes qui en feront la demande (*Affranchir*).

Tous les ouvrages portés sur cette notice sont garantis complets, à moins d'indications contraires.

Imprimerie de Raynal, à Rambouillet.

FRANCE, LIBRAIRE,

9, QUAI VOLTAIRE, A PARIS.

N° 15. — Octobre 1860.

2491. AIGNAN ET NORVINS, Extraits des Mémoires relatifs à l'Histoire de France, depuis 1757 jusqu'à la Révolution, 1824, 2 vol. in 8, d.-rel. v. 5 »

2492. AMPERE, Littérature et Voyages, 1833, 1 vol. in-8, br. 3 »

2493. ARISTOTE (la Rhétorique d') trad. en français avec le texte grec, par Gros, 1822, 1 vol. in-8, br. 5 »

2494. BACHAUMONT, Mémoires secrets, de 1762 à 1787, nouvelle édit. publiée par M. Ravenel, 1830, 4 vol. in-8, d.-rel. 8 »

2495. BANCAL (du Puy-de-Dôme), du Nouvel Ordre fondé sur la Religion, an v, 1 vol. in-8, br. 2 50

2496. BARTHELEMY, Nouvelles Némésis, Satyres, 1844-45; 24 numéros, 1 vol. gr. in-8, br. *Complet.* 6 »

2497. BARTHELEMY ET MERY, Napoléon en Egypte, Waterloo et le Fils de l'Homme, 1835, 1 vol. in-8, 10 vig. de Raffet, br. 3 50

2498. — OEuvres contenant les Némésis, etc., Furne, 1838, 2 vol. in-8, fig., br. 12 »

2499. BORÉ (Eug.), Correspondance et Mémoires d'un Voyageur en Orient, 1840, 2 vol. in-8, br. 5 »

2500. BARERE, Mémoires publiés par Carnot, 1842, 4 vol. in-8, port., br. 8 »

2501. BOUILLÉ (le marq. de), Mémoires (sur l'affaire de Varennes), 1821, 1 vol. in-8, d.-rel. v, 3 50

2502. BOUSSOLES nationales, ou Voyages, Aventures et Anecdotes hist. de Jaco, surnommé Henri IVe, laboureur et frère de lait de Henri IV, 1790, 3 vol. in-8, fig., d.-rel. 6 »

2503. BRISSOT (Mémoires de), 1830, 4 vol. in-8, d.-rel. 8 »

2504. BRUNE (Esquisse hist. sur le maréchal), par l'un de ses aides de camp, 1840, 2 vol. gr. in-8, br. 4 »

2505. BUZOT, Mémoires sur la Révolution française, 1823, 1 vol. in 8, br. 2 50

2506. CAILLOT, Mémoires pour servir à l'histoire des mœurs et usages des Français de toutes conditions, 1827, 2 vol. in-8, br. 4 »

2507. CALONNE (de), de l'Etat de la France, présent et à venir, 1790, 1 vol. in-8, br. 2 »

2508. CARNÉ, les Fondateurs de l'Unité française, Suger, Saint-Louis, Duguesclin, Henri IV, Mazarin, etc., Didier, 1856, 2 vol. in-8, br. 9 »

2509. CARNÉ (le cte L. de), la Monarchie française, XVIIIe siècle, études sur les règnes de Louis XIV et Louis XV, Didier, 1859, 1 vol. in 8, br. 5 »

2510. CAZE, la Vérité sur Jeanne d'Arc, ou Eclaircissement sur son origine, 1819, 2 vol. in-8, d.-rel. 4 »

2511. CHATEAUBRIAND, Etudes hist. sur la Chute de l'Empire romain, la Naissance du Christianisme, l'Invasion des Barbares, etc., 1838, 1 vol. gr. in-8, br. 5 »

2512. CHOISEUL (Mémoires du duc de), imp. sous ses yeux, dans son cabinet à Chanteloup, en 1778, 2 vol. in 8, d.-r. en 1. 3 50

2513. CLERMONT-GALLERANDE, Mémoires particuliers pour servir à l'Hist. de la Révolution, 1826, 3 vol. in-8, br. 5 »

2514. COLARDEAU, Œuvres choisies, 1825, 1 vol. gr. in-8, pap vél., une jolie gr. sur chine de Desenne, br. 4 »

2515. COLLECTION de Mémoires relatifs aux Révolutions d'Espagne, en 1808, *Paris*, 1821, 5 vol. in-8, br. 10 »

2516. CONSERVATEUR (le). par Chateaubriand, Martainville, Lamenais et autres, 1818, 6 vol. in-8, d.-rel. 10 »

2517. CORDAY (Mme Aglaé de), les Fleurs neustriennes, poésies, Mortagne, 1857, 2 forts vol. in-8, br. 6 »

2518. CORRESPONDANCE secrète de Charette, Stofflet, Puisaye, etc. (chefs vendéens), an VII, 2 vol. in-8, port., br. 5 »

2519. COUSIN, la Société française au XVIIe siècle, Didier, 18?8, 2 vol. in-8, br. 9 »

2520. CRETINEAU-JOLY, Histoire de Sunderbund, 1850, 2 vol. in-8, br. 6 »

2521. CUBI-SOLER, Leçons de Phrénologie scientifiques et pratiques. *Paris*, Baillière, 1858, 2 vol. in-8, fig., br. 8 »

2522. CURTI, Mémoires historiques et politiques sur la République de Venise, avec notes, 1797, 2 vol. in-8, d.-rel. v. 8 »

2523. CUVIER (le baron), Mémoires, 1833, 1 v. in-8, d.-r. v. 3 »

2524. DANTE, la Divine Comédie, trad. en français par Artaud, 1828, 9 vol. in-18, fig., d.-rel. 17 »

2525. DELARUE, Histoire du 18 Fructidor, etc., 1821, 2 vol. in-8, d.-rel. 4 »

2526. DESESSARTS, les Siècles littéraires de la France, ou Dictionnaire critiq. et bibliographique de tous les écrivains français, jusqu'à la fin du XVIIIe siècle, 1800, 7 vol. in-8, pap. vél., rel. v. rac., fil., tr. d. 24 »

2527. DIODORE de Sicile, Bibliothèque hist., trad. du grec par Miot, imp. royale, 1834, 7 vol. in-8, br. 16 »

2528. DOUCET (Camille), Comédies en vers, Michel Lévy, 1858, 2 vol. in-8, br. 7 »

2529. DUBARLE, Histoire de l'Université de Paris, 1844, 2 vol. in-8, br. 6 »

2530. DUPUIS, Origine de tous les Cultes, édit. avec une notice par Auguis, 1822, 7 vol. in-8, fig., d.-rel. 21 »

2531. DUTILLEUL, Histoire des Corporations religieuses en France, 1846, 1 vol. in-8, br. 3 »

2532. EGVILLY (d'), Mémoires hist. et politiq., de 1820 à 1830, 1831, 1 vol. in-8, br. 3 »

2533. ERNOUF (le baron), Histoire de la Dernière Capitulation de Paris, 1859, 1 vol. in-8, br. 3 50

2534. ESQUISSES hist. sur les Cent jours, et Fragments inédits, 1819, in-8 de 108 pag., d.-rel. 1 50

2535. ESSAI sur la Langue et la Philosophie des Indiens, trad. de l'allemand de Schlegel, par Mazure, 1837, 1 vol. in-8, br. 3 50

2536. EXAMEN de la Révolution, relativement à la justice et à l'intérêt du peuple, 1790, 1 vol. in-8, br. 2 »

2537. FESCOURT, Histoire de la Conspiration de 1800. (machine infernale), contre le premier consul, 1809, 1 vol. in-8, fig. et carte des îles Séchelles, d.-rel. 3 »

2538. FONGERAY, les Soirées de Neuilly, Esquisses dramatiques et hist., 1827, 2 vol. in-8, br. 4 »

2539. FORFAITS (les) des 5 et 6 octobre 1789, suivis d'un Précis sur la Conduite des Gardes du Corps, 1790, 2 vol. in-8, b. 4 »

2540. FORTOUL, Etudes d'archéologie et d'histoire, 1854, 2 vol. in-8, br. 8 »

2541. FRANÇAIS (les) sous Louis XIV et Louis XV, *Paris*, Chalamel (vers 1846), 1 vol. gr. in-8, grav. de Tony Johannot, Fragonard, Gavarni, etc., avec un texte, br. 6 »

2542. GABET, Dictionnaire des Artistes de l'Ecole française au XIXe siècle, 1831, 1 fort vol. in-8, br. 4 »

2543. GARAT, Mémoires hist. sur la Vie et les Ecrits de Suard et sur le XVIIIe siècle, 1820, 2 vol. in-8, d.-rel. 4 »

2544. — Mémoires sur la Révolution, Exposé de ma Conduite dans les fonctions publiques, an III, 1 vol. in-8, cart., n. rog. 3 50

2545. GRANIER DE CASSAGNAC, Histoire des Causes de la Révolution, 1826, 4 vol. in-8, br. 12 »

2546. — Histoire du Directoire, 1851, 2 vol. in-8, br. 7 »

2547. GRIFFET (le Père), Histoire du règne de Louis XIII, 1758, 2 vol. in-4, rel. v. 8 »

2548. GRILLE, la Vendée en 1793. *Paris*, 1851, 3 v. in-8, b. 8 »

2549. GRIMM, Nouveaux Mémoires secrets et inédits, anecdotiques et littéraires, 1834, 2 vol. in-8, d.-rel. en un. 5 »

2550. GUERRES des Vendéens et des Chouans contre la République, annales des départ. de l'ouest, 1824, 6 vol. in-8, d.-rel. 15 »

2551. HELIE, Discours sur l'Histoire moderne des deux mondes, 1854, 2 vol. in-8, br. 6 »

2552. HERBELOT (d') Bibliothèque orientale, ou Dictionnaire contenant tout ce qui fait connaître les peuples de l'Orient, 1783, 6 vol. in-8, br. 18 »

2553. HISTOIRE de Charles-Jean (Bernadotte), roi de Suède, par Touchard-Lafosse, 1838, 3 vol. in-8, d.-rel. v. bleu. 7 »

2554 HISTOIRE du Départ du Roi et des Evénements qui l'ont précédé et suivi, 1791, 1 vol. in-8, br. 3 »

2555. HISTOIRE générale des prisons sous le règne de Bonaparte, avec des anecdotes curieuses, 1814, 1 vol. in-8, d.-rel. 2 50

2556. JOHANET, la Vendée à trois époques, de 1793 à 1832, *Paris*, 1840, 2 vol. in-8, br. 4 »

3557. JANIN (JUL.), l'Ane mort, édit. illustrée par Tony Johannot, 1842, 1 vol. gr. in-8, br. 4 »

2558. LACURNE de Sainte-Palaye, Mémoires sur l'ancienne Chevalerie, édit. avec des notes de Ch. Nodier, 1823, 2 vol. in-8, fig. col., br. 16 »

2559. LAHODE (Lucien de), Histoire des Sociétés secrètes et du parti républicain, de 1830 à 1848. *Paris*, 1850, 1 vol. in-8, br. 3 »

2560. LAFONT d'Aussonne, Histoire de Mme de Maintenon et de la cour de Louis XIV, 1814, 2 vol. in-8, port., d.-rel. v. 6 »

2561. LALOY. Balance orthographique et grammaticale de la Langue française, 1853, 2 tomes en 1 fort vol. g. in-8. b. 4 »

2562. LAMARTINE, la Chute d'un Ange, épisode, 1838, 2 vol. in-8, br. 5 »

2563. LAUZUN (Mémoires du duc de), 1822, in-8, br. 2 50

2564. LIBERTÉ (de la), son Tableau et sa définition, ce qu'elle est dans la société, etc. *Metz*, 1791, 1 vol. in-8, br. 2 »

2565. LINGUET, la France plus qu'anglaise, 1788, in-8 de 150 pag., br. 1 50

2566. LISTE générale et très-exacte des noms, âges, qualités de tous les Condamnés à mort par le tribunal révolutionnaire, l'an II, 10 cahiers de 32 pag., br. (allant jusqu'au 9 thermidor). 6 »

2567. LOUIS XVI peint par lui-même, ou Correspondance et autres écrits de ce monarque, avec des notes hist., 1817, 1 vol. in-8, d.-rel. 2 50

2568. LOUVILLE, Mémoires secrets sur l'Etablissement de la Maison de Bourbon en Espagne, 1818, 2 vol. in-8, d.-rel. 8 »

2569. LEGOUVÉ, Histoire morale des Femmes, 1849, 1 vol. in 8, br. 3 »

2570. LETTRES et Instructions de Louis XVIII au comte de Saint-Priest, précédées d'une notice par M. de Barante, 1845, 1 vol. in-8, d.-rel. maroq. 4 »

2571. MACFARLANE, Constantinople et la Turquie, en 1829, 2 vol. in-8, br. 5 »

2572. MALHERBE, Poésies suivies d'un choix de ses lettres, Janet, 1824, 1 vol. gr. in-8, port., pap. vél., br. 5 »

2573. MARCO DE SAINT-HILAIRE, Histoire de France, de 1793 à 1850, 1 vol. gr. in-8, fig. et port. en couleur, br. 4 »

2574. MARTIN (Aimé), de l'Education des mères de famille, 1834, 2 vol in-8, br. 6 »

2575. MARTYROLOGE (le), ou Histoire des Martyres de la Révolution. *Coblentz*, 1792, 1 vol. in-8, 3 gr., br. 3 50

2576. MAURICE, Histoire anecdotique du théâtre contemporain, 1856, 2 vol. in-8, br. 7 »

2577. MAURICE ALHOY, les Bagnes, histoire, types, mœurs et mystères, 1845, 1 vol. gr. in-8, illustré, br. 5 »

2578. MAUROY, Précis de l'histoire du Commerce de l'Afrique, depuis les temps anciens jusqu'aux modernes, 1852, 1 vol. gr. in-8, br. 4 »

2579. MAURY (OEuv. choisies du card.), 1827, 5 v. in-8, b. 14 »

2580. MEMOIRES à consulter pour Mirabeau, sur sa demande en cassation de l'arrêt qui le sépare d'avec sa femme, 1783, 1 vol. in-8. br. 2 50

2581. MÉMOIRES autograp. de Iturbide, ex-empereur du Mexique, 1824, in-8, br. 2 »

2582. MEMOIRES d'Anne de Gonzagues, princesse palatine, par Senac de Meilhan, 1786, in-8, d.-rel. 2 »

2583. **MEMOIRES** de Bailly, maire de Paris, 1821, 3 vol. in-8, d.-rel. 12 »

2584. **MEMOIRES** de Benvenuto Cellini, trad. de l'italien par Marcel, 1822, 1 vol. in-8, br. 3 50

2585. **MEMOIRES** de Gabrielle d'Estrée, 1829, 4 vol. in-8, d.-rel. 12 »

2586. **MEMOIRES** de Gohier, président du Directoire, au 18 brumaire, 1824, 2 vol. in-8, d.-rel. 5 »

2587. **MEMOIRES** de Hamet Clery, ancien valet de chambre de Mme Royale, de 1776 à 1823. *Paris*, 1825, 2 v. in-8, b. 4 »

2588. **MEMOIRES** de l'abbé Grégoire, publiés par Carnot, 1840, 2 vol. in-8, port., br. 5 »

2589. **MEMOIRES** de l'abbé Edgeworth, dernier confesseur de Louis XVI. 1815, 1 vol. in 8, br. 3 »

2590. **MEMOIRES** de Lally-Tollendal à ses commettants, 1790, 1 vol. in-8, br. 2 »

2591. **MEMOIRES** d'Olivier d'Argens et Correspondance des généraux Charette, Puisaye et autres, 1824, 1 vol. in-8, 2 50

2592. **MEMOIRES** de Mme du Hausset, femme de chambre de Mme de Pompadour, 1824, in-8, d.-rel. 3 »

2593. **MEMOIRES** de Mlle Quinault, de la Comédie-Française, de 1715 à 1793, 1836, 2 vol. in-8, br. 4 »

2594. **MEMOIRES** de Mlle Bertin sur la reine Marie Antoinette, 1824, 1 vol in-8, br. 3 50

2595. **MEMOIRES** de Roger de Rabutin, 1696, 2 v. in-4, r. v. 8 »

2596. **MEMOIRES** du baron de Tott sur les Turcs et les Tartares, 1784, 4 tomes in-8, d.-rel., en 2 vol. 6 »

2597. **MEMOIRES** du capitaine Landolphe sur ses voyages, pendant trente ans, en Afrique et en Amérique, 1823, 2 v. in-8, b. 5 »

2598. **MEMOIRES** du duc de Montpensier, fils du duc d'Orléans-Égalité, 1824, 1 vol. in-8, port., d.-rel. 3 »

2599. **MEMOIRES** du général comte Belliard, écrits par lui-même, publiés en 1842 par Vinet, 3 vol. in-8, br. 5 »

2600. **MEMOIRES** du général Puget-Barbantane, 1827, 1 vol. in-8, br. 3 »

2601. **MEMOIRES** du ministère du duc d'Aiguillon, fin du règne Louis XV et commencement du règne Louis XVI, 1792, 1 vol. in-8, d -rel. v. *Très-bel exemp.* 4 »

2602. **MEMOIRES** du prince de la Paix, trad. de l'espagnol, 1836, 4 vol. in-8, d.-rel. 8 »

2603. **MEMOIRES** et Pièces authentiques du duc de Rivière, 1829, 1 vol. in-8, fac-simile, br. 2 »

2604. **MEMOIRES** historiques de Mahé de la Bourdonnais, gouverneur de l'île Bourbon, 1828, 1 vol. in-8, br. 2 50

2605. **MEMOIRES** historiques de la duchesse de Berry, publiés par Nettement, 1837, 3 vol. in-8, br. 5 »

2606. **MEMOIRES** inédits de Brienne, ministre sous Louis XIV, 1828, 2 vol. in-8, d.-rel. 5 »

2607. **MEMOIRES** justificatifs de Mme De La Motte, 1789, 1 vol. in-8, d.-rel. 2 50

2608. **MEMOIRES** politiques et militaires pour servir à l'Histoire secrète de la Révolution, an VII, 2 vol. in-8, cart., n. r. 3 »

2609. MEMOIRES. Souvenirs et Anecdotes sur l'intérieur du palais de Charles X, 1831, 2 vol. in-8, br. 4 »
2610. MEMOIRES sur la Grèce et l'Albanie, 1827, 1 v. in-8, b. 3 »
2611. MEMOIRES sur l'impératrice Joséphine, ses contemporains et sa cour, 1828, 3 vol. in-8, d.-rel. 12 »
2612. MEMOIRES sur le prince Lebrun, 1828, 1 v. in-8, b 2 50
2613. MEMOIRES sur l'expédition de Quiberon, 1824, 1 vol. in-8, br. 3 »
2614. MEXIQUE (le) en 1823, ou Relation d'un voyage dans la nouvelle espagne, trad. de l'anglais, 1824, 2 vol. in-8 et atlas in-4, br. 5 »
2615. MICHELET et Quinet, des Jésuites, 1843, 1 v. in-8, b. 2 50
2616. MICHIELS, Histoire des Idées littéraires en France, au XIX siècle. *Bruxelles*, 1848, 2 vol. in-8, br. 5 »
2617. MIGNET, Charles-Quint, son abdication, son séjour et sa mort au monastère de Yuste, 1854, 1 vol. in-8, br. 5 »
2618. MILLS, Histoire du Mahométisme, contenant la vie et le caractère du prophète arabe, 1825, 1 vol. in-8, port., br. 3 »
2619. MIRECOURT, Confessions de Marion de Lorme, 1856, 2 v. gr. in-8, illustrés, br. 6 »
2620. MOJON, Lois physiologiques, trad. de l'anglais, 1834, 1 v. in-8, br. 2 »
2621. MOLIÈRE, Œuvres complètes, avec des variantes, Debure, 1834 1 vol gr. in-8, br. 5 »
2622. MONTAIGNE (Essais de), édit. collationnée sur les meilleurs textes, Debure, 1831, 1 vol. gr. in-8, br. 5 »
2623. MONTLOSIER, Mémoires sur la Révolution, le Consulat, l'Empire et la Restauration, de 1755 à 1830, 2 v. in-8, b. 5 »
2624. — à consulter sur un système religieux et politique, tendant à renverser la religion, la société et le trône, 1826, 1 vol. in-8, br. 2 50
2625. — Dénonciation aux Cours royales, relativement au système religieux et politique, 1826, in-8, br.
2626. — De l'Origine et des Progrès de la puissance ecclésiastique en France, 1829, in-8, br. 3 »
2627. — Des Mystères de la Vie humaine, 1829, 2 v. in-8, b. 4 »
2628. MOORE (TH., Mémoires sur la vie privée, politique et littéraire de Shéridan, trad. de l'anglais par Parisot, 1826, 2 v. in-8, port., br. 5 »
2629. MOURIEZ, Histoire de Mehemet-Ali, vice-roi d'Egypte, 1858, 5 vol. in-8, br. 9 »
2630. NOAILLES (le duc de), Histoire de la Maison royale de Saint-Louis, établie à Saint-Cyr, 1843, in-8 de 215 pages, br. (*Envoi d'auteur, n'a pas été mis dans le commerce.*) 6 »
2631. NOUVEAUX mémoires secrets pour servir à l'histoire de notre temps, 1829, 1 vol. in-8, br. 2 »
2632. NUITS D'YOUNG (les), suivies des Tombeaux et des Méditations d'Hervey, trad. par Letourneur, 1824, 2 vol. in 8, fig., d.-rel. n. rog. 9 »
2633. PELLISSON et Dolivet, Histoire de l'Académie française, avec des notes par Livet, Didier, 1858, 2 vol. in-8, br. 10 »
2634. PETIT DE LA CROIX, les Mille et un Jours, contes persans, turcs et chinois. *Paris*, Pourrat, 1 v. g. in-8, ill., b. 5 »

2635. **PETIT-RADEL**, Recherches sur les Monuments cyclopéens, impr. royale, 1831, 1 vol. gr. in-8, br., fig. 5 »
2636. **PLUTARQUE**, Hommes illustres, trad. par Ricard, 1827, 1 fort vol. gr. compacte à 2 col., texte fin, br. 16 »
2637. **POUJOULAT**, Voyage dans l'Asie mineure, en Syrie, en Palestine et en Egypte, 1840, 2 vol. in-8, br. 5 »
2638. **RELATION** du désastre de Quiberon, en 1795, 1838, in-8 de 268 pages, br. 1 50
2639. **REYNAUD**, Terre et Ciel, 1854, 1 v. gr. in-8, br. 4 »
2640. **RICHELIEU** (Mémoires histor. et anecdotiques du duc de), 1829, 6 vol. in-8, cart. n. rog. 12 »
2641. **RIO**, la Petite Chouanerie, ou un Collége breton sous l'Empire, 1842, 1 vol. in-8, d.-rel. v. 4 »
2642. **ROBERTSON**, Mémoires récréatifs, scientifiques et anecdotiques, 1831, 2 vol. in-8, fig., br. 5 »
2643. **ROLLIN**, OEuvres complètes, avec des notes de M. Guizot, 1821, 30 v. in-8 et atlas in-4. d.-r. v., neuve. *Bel ex.* 130 »
2644. **RETRAITE** et Mort de Charles Quint au monastère de Yuste, Lettres inédites publiées sur les originaux, par Gachard. *Bruxelles*, 1854, 3 vol. in-8, br. 10 »
2645. **RIVIÈRE**, Histoire des Biens communaux en France, depuis l'origine jusqu'au XIIIe siècle, 1856, 1 vol. in-8, br. 3 »
2646. **SAINTE-BEUVE**, Causeries du Lundi, 1857-58, 13 v. in-12, br. 32 50
2647. **SAINT FELIX**, le Rhône et la Mer, Souvenirs, Légendes, Etudes hist. et pittoresques, 1845, 2 vol. in-8, br. 4 50
2648. **SALVANDY**, Don Alonso, ou l'Espagne, histoire contemporaine, Didier, 1857, 2 vol. in-8, br. 9 »
2649. — Vingt mois de la Révolution et du Parti révolutionnaire, 1849, 1 vol. in-8, br. 3 50
2650. **SANSON** (exécuteur), Mémoires pour servir à l'Hist. de la Révolution, 1830, 2 vol. in-8, br. 5 »
2651. **SCHLEGEL**, Cours de Littérature dramatique, 1814, 3 vol. in-8, d.-rel. 18 »
2652. **SEGUR** (le comte de), Mémoires, Souvenirs et Anecdotes (sur la cour de Russie sous Catherine II), 1825, 3 vol. in-8, port., d.-rel. v. 7 »
2653. **SISMONDI**, Nouveaux Principes d'Economie politique, 1827, 2 vol. in-8, br. 8 »
2654. **SOUVENIRS** du comte de Vaublanc, 1838, 2 v. in-8, b. 4 »
2655. **SULLY** (Mémoires du duc de), Ledoux, 1822, 6 vol. in-8, port., d.-rel. v. 18 »
2656. **SOUVENIRS** du duc de Vicence, recueillis et publiés par Ch. de Sor, 1837, 2 vol. in-8, br. 3 »
2657. **THIBAUDEAU**, Mémoires sur la Convention et le Directoire, 1824, 2 vol. in-8, d.-rel. en v. 5 »
2658. **TILLY** (Memoires du comte ALEX. de), pour servir à l'hist. des mœurs de la fin du XVIIIe siècle, 1828, 3 v. in-8, d.-r. 12 »
2659. **TRESSAN** (OEuvres du comte de), précédées d'une notice sur sa vie et ses ouvrages, 1823, 10 vol. in-8, 13 jolies gr., br. 26 »
2660. **TROPHEE** des armées françaises, depuis 1792 jusqu'en 1815. *Paris*, Lefuel, 1820, 6 v. in-8, avec environ 60 grav., b. 15 »

2661. VAUVENARGUES, OEuvres comp. avec des notes de Suard, Brière, 1821, 3 vol. in-8, d.-rel., n. rog. 9 »
2662. VIE de L.-J. de Bourbon-Condé, prince du sang, par Chambellant, 1819, 3 vol. in-8, fig., br. 5 »
2663. VIE du marq. de Bonchamps, général vendéen, 1817, 1 vol. in-8, br. 1 50
2664. VIDALIN, Edouard III et le Régent, ou Essai sur les mœurs du XIVe siècle, 1813, 1 vol. in-8, br. 3 50
2665. VIE politique de L.-P.-J., dernier duc d'Orléans, 1802, 1 vol. in-12, br. 2 »
2666. VOLNEY, Voyage en Egypte et en Syrie, pendant les années 1783-85. *Paris*, 1825, 2 vol. in-8, fig. et cartes, d.-rel. maroq. viol., non rog. 9 »
2667. VOYAGE pittoresque en Espagne, en Portugal et sur la côte d'Afrique, par Sévérinus. *Paris*, 1860, 3 vol. in-4, dont un de texte et deux contenant 165 gr. de Taylor, sur acier, cart., non rog. 50 »
2668. VALERY, Voyage en Italie, Guide complet du voyageur et de l'artiste, deuxième édit. revue et augmentée, 1838, 3 vol. in-8, carte, br. 12 »
2669. VERSAILLES Illustré, ancien et moderne, par M. De Laborde, 1841, 1 vol. gr. in-8, gr. et vignettes, br. 9 »
2670. VIE de Catherine II, impératrice de Russie, avec 6 port., 1797, 2 vol. in 8, d.-rel. v. 6 »
2671. VIE du prince Potemkin, au service de Russie sous Catherine II, 1808, in-8, br. 2 »
2672. VILLEMAIN, Lascaris, ou les Grecs au XVe siècle, 1825, 1 vol. in-8, d.-rel. v. 2 50
2673. VILLIAUMÉ, Nouveau Traité d'économie politique, Guillaumin, 1857, 2 vol. in-8, br. 8 »
2674. VINCI (Léonard de), Traité de Peinture, précédé de la vie de l'auteur, par Gault de Saint-Germain, 1803, 1 vol. in-8, figures nombreuses, d.-rel. 10 »
2675. VOYAGE d'une jeune Irlandaise à la recherche d'une religion, par Th. Moore, Gaume, 1835, 1 vol. in-8, br. 2 50
2676. WALKENAER, Histoire générale des Voyages, 1826-31, 2 vol. in-8, br. 21 »
2677. WALSH, Voyage en Turquie et à Constantinople, 1828, 1 vol. in-8, d.-rel. v. 2 50
2678. — Relation du Voyage en Ecosse et en Angleterre, 1844, 1 vol. in-8, br. 2 »
2679. WALTER-SCOTT, Vie de Napoléon, 1827, 9 v. in-8, b. 15 »
2680 WATELET, Dictionnaire des Arts, de Peinture, Sculpture et Gravure, 1792, 5 vol. in-8, br. 15 »
2681. WEISS, l'Espagne depuis le règne de Philippe II jusqu'à l'avénement des Bourbons, 1844, 2 vol. in-8, br. 6 »
2682. WITT, les Sociétés secrètes de France et d'Italie, 1830, 1 v. in-8, br. 3 »

Le Catalogue sera envoyé à toutes les personnes qui en feront la demande (*Affranchir*).

Tous les ouvrages portés sur cette notice sont garantis complets, à moins d'indications contraires.

Imprimerie de Raynal, à Rambouillet.

www.ingramcontent.com/pod-product-compliance
Lightning Source LLC
LaVergne TN
LVHW010011230826
846092LV00002B/756

* 9 7 8 2 3 2 9 6 4 3 3 2 8 *